时代少儿人文丛书

发现中国
DISCOVER CHINA

古代中国

艺术文化

◎ 张可　张再萌　墨禅／编著

ARTTIME
时代出版

时代出版传媒股份有限公司
安徽少年儿童出版社

图书在版编目（CIP）数据

古代中国文化艺术 / 张可，张再萌，墨禅编著.—合肥：安徽少年儿童出版社，
2016.9
（时代少儿人文丛书·发现中国）
ISBN 978-7-5397-8791-6

Ⅰ.①古… Ⅱ.①张… ②张… ③墨… Ⅲ.①文化艺术 – 中国 – 古代 – 少儿读物
Ⅳ.①G12-49

中国版本图书馆CIP数据核字（2016）第044875号

SHIDAI SHAO' ER RENWEN CONGSHU FAXIAN ZHONGGUO GUDAI ZHONGGUO WENHUA YISHU
时代少儿人文丛书·发现中国·古代中国文化艺术　　　　张可　张再萌　墨禅 / 编著

出　版　人：张克文　　　　　特约策划：墨儒墨禅　　　　装帧设计：墨禅
责任编辑：张春艳　　　　　　责任校对：于睿　　　　　　责任印制：田航
出版发行: 时代出版传媒股份有限公司　http://www.press-mart.com
　　　　　安徽少年儿童出版社　E-mail：ahse1984@163.com
　　　　　新浪官方微博：http://weibo.com/ahsecbs
　　　　　腾讯官方微博：http://t.qq.com/anhuishaonianer（QQ：2202426653）
　　　　　（安徽省合肥市翡翠路1118号出版传媒广场　邮政编码：230071）
　　　　　市场营销部电话：（0551）63533532（办公室）　　63533524（传真）
　　　　　（如发现印装质量问题，影响阅读，请与本社市场营销部联系调换）
印　　制：合肥华云印务有限责任公司
开　　本：787mm×1092mm　1/16　　印张：14　　字数：153千字
版　　次：2016年9月第1版　　2016年9月第1次印刷

ISBN 978-7-5397-8791-6　　　　　　　　　　　　　　　　定价：28.00元

序言

世界六大古代文明，有古代埃及文明、古巴比伦文明、古代印度文明、古代中国文明、古希腊文明和古罗马文明。这六大古代文明都为人类社会的发展进步做出了巨大贡献。本套书简要地记述了中国历史上一个个五彩斑斓的瞬间，及多位有作为、有贡献的杰出人物，并且对五千多年的历史进行了多方面的介绍，呈现中华民族辉煌的文明。

中国是公认的文明古国，悠久而灿烂的文化艺术，是中华文明的重要组成部分。

中华民族的文化艺术是在五千多年的历史长河中创造的，源远流长，代代相传，不断丰富，不断发展；是美的追求，是道德、智慧和才能的结晶。

中华民族的文化艺术是中华大地上各个民族共同创造的，具有鲜明的民族风格、独特的魅力。

中华民族的文化艺术，丰富多彩，美不胜收。有几千年前粗犷有力的岩画，有工笔、写意、白描等多种多样的绘画；有威风凛凛、气宇轩昂的秦代兵马俑，有机智灵巧、天真娇媚的宋代晋祠侍女泥塑，有丰满宁静、睿智慈祥的唐代龙门石雕大佛，有白如玉、明如镜、薄如纸、声如磬的精美瓷器。在建筑艺术里，有小巧玲珑、清秀淡雅的苏州园林；有富丽辉煌、巍峨壮观的颐和园；有绵延起伏、气势磅礴的万里长城；有充满智慧，把科学技术和艺术巧妙结合的赵州桥。在书法领域，楷书端庄秀丽，隶书古色古香，行书潇洒自然，草书狂放飘逸。在音乐领域，琴曲流畅明快，二胡悠扬舒缓，琵琶急迫激越……这些都是中华民族宝贵的文化遗产，是人类社会共同的精神财富。其中有很多传承至今，为人们衷心喜爱，生活中不可缺少，还走向了五大洲。

本书选取了最有代表性的光彩夺目的瑰丽珍宝，涉及雕塑、绘画、建筑、书法、陶瓷和音乐六类，带领小读者走进中华民族的文化艺术之门。

历史学者　姜昆阳

目录

第四章　书法

第五章　陶瓷

第六章　音乐

第一章　雕塑

中国古代雕塑是中国古代艺术的精华之一。中国古代雕塑的发展绵延几千年，无论在表现内容、形式风格、材料材质以及雕塑技法上都具有鲜明浓郁的民族和时代特色：例如秦汉雕塑所传递的是奔放、雄浑，魏晋雕塑所表达的是俊逸、超脱，唐宋雕塑所拥有的是富丽与丰饶等。

中国古代雕塑也充分反映了古代中国人的审美与人生哲学，追求写意、注重传神是其特点，通过所塑造的艺术形象营造出一种意境和遐想的空间，把人们引向一个神奇的艺术殿堂。

秦兵马俑

【建造年代】秦代
【规模】已发现三座俑坑，总面积2万余平方米，陶俑、
　　　　陶马7 000余件
【地址】陕西省西安市临潼区以东，骊山北麓秦始皇陵
　　　　以东1.5千米处

秦兵马俑是秦始皇陵的一部分陪葬品，因其规模庞大、做工精细、具有很高的历史、文化研究价值。1987年，秦始皇陵及兵马俑坑被联合国教科文组织列入《世界遗产名录》。

历史背景： 秦始皇的"地下军队"

虽说一提起秦始皇陵，人们立刻会联想到兵马俑坑，但兵马俑坑与秦始皇陵并不是一体的，而是相邻的。兵马俑坑位于骊山镇西杨村南，距离秦始皇陵约有1.5千米。作为秦始皇这样一个注重气派和享受的皇帝，陪葬品的数量自然很多。许多研究人员认为，这样壮观的陶俑士兵阵，展现的是当时驻扎于都城之外的宿卫军。

为什么秦始皇要选用兵马俑作为陪葬品呢？那是因为他把军队看得至关重要。据史料记载，秦始皇即位后，依仗其强大的军事力量，最终完成了统一六国的大业。从他13岁继位，一直到39岁最终统一全国，这26年中，他与自己的军队朝夕相处。历经多年的南征北伐，他渐渐形成了"事死如事生"和"皇权至上"的思想。他希望死后也能有一支军队辅佐自己，让其生前拓展的疆土，永远掌握在自己的皇权之下。于是才有了秦兵马俑这样庞大的"地下军队"。

小链接：

在中国奴隶社会时期，有用活人殉葬的丧葬制度，称为"人殉"。随着封建制度的确立和发展，各诸侯国先后废止了人殉制度，改为以俑殉葬，即用陶俑、木俑来代替人殉，这是社会进步的表现。"俑"便成了墓葬中陶塑、石雕、人像的专有名词。此后俑殉之风日盛。兵马俑，即制成战车、战马和士兵形状的殉葬品。

作品赏析：秦代强大军队的小缩影

迄今为止，自秦始皇陵出土的兵马俑坑共有三座。为方便区分和考察研究，这三座俑坑分别被编为一号坑、二号坑和三号坑。由于兵马俑的数量庞大，所以占地面积也很大，有2万余平方米。坑中所放置的陶俑、陶马种类繁多，有车兵、骑兵和步兵等兵种，陶俑形象也各具神情和特色。秦始皇陵兵马俑坑的发现，对进行中国古代雕塑艺术的研究，起着至关重要的作用。

兵马俑的制作

由于"俑殉"是在代替"人殉"的前提下衍生出的，所以秦始皇陵中的兵马俑均烧制成真人真物大小。兵马俑的做工十分精细，展现了中国古代工匠的高超技艺。每个兵马俑的长相都不一样，今人所概括的国、甲、由、田、申、风、用、目八种脸型，在兵马俑中都能见到。尽管每个兵马俑的面容各异，但他们庄严淡定的军人神态则是相似的。另外兵马俑们所持的武器都是真实的，在坑中按兵种和级别进行排列。

雄浑大气的整体风格

从总体上看，由兵马俑组成的庞大军阵，再现了秦国大军兵强马壮的雄伟场面。

1. 一号坑：主要由步兵及车兵组成，以矩阵的队形排列，远远望去，气势十分磅礴。

2. 二号坑：基本包括了秦朝的所有兵种，主要展现了步兵（包括弩兵）、车兵和骑兵这三个兵种，体现了当时用兵的思想和战术，其精髓是在作战的部署和排兵布阵上。

雄伟壮观的秦兵马俑/卞志武摄

　　3.三号坑：展示了秦军指挥机关的真实面貌。指挥车接到命令整装待发，68名卫士庄严地守护着司令部的安全，这种既有"决胜于千里之外"的强大军阵，又有"运筹于帷幄之中"的领导机关的布局，真是思虑周到，不愧为一代雄师。

神态多样的士兵俑

兵马俑三号坑局部图

细腻真实的艺术特征

秦兵马俑是一项皇家工程，不仅整体气势恢宏，而且一车一卒的塑造都一丝不苟、栩栩如生。武士是秦兵马俑中的主体，其中有将军、士兵等各种形象。它们均按照真人等比塑造，平均身高1.80米左右，其相貌、神态也是各具特色，各个英姿飒爽，军容整肃。

高级军吏俑

高级军吏俑俗称将军俑，在秦兵马俑坑中数量极少，出土不足十件，分为战袍将军俑和铠甲将军俑两类，其共同特点是头戴将军冠，身材高大魁梧，气质出众超群，具有大将风度。

战袍将军俑着装朴素，但胸口有花结装饰，而铠甲将军俑的前胸、后背以及双肩，共饰有八朵彩色花结，华丽多彩，飘逸非凡，衬托其等级、身份，以及在军中的威严。

这尊跪射俑就是秦朝士兵的真实写照。它身着铠甲，梳着挽髻，姿态呈半跪状，双眼炯炯有神，平视着前方。这尊陶俑的制作十分精美，连鞋底的针脚和磨损都被刻画得细致入微。

跪射俑/silver age提供

驭手俑表现的是古时候驾驶战车的士兵。他们身穿铠甲，头上大多有巾帻和长冠。驭手俑大多保持着驾车奔驰的姿势。驭手在古代战争特别是车战中，地位尤为重要，甚至直接关系着战争的胜负。

驭手俑/silver age提供

麦积山石窟

【建造年代】始建于十六国后秦时期，历经北魏、西
魏、北周、隋、唐、宋、元、明、清等
朝代开凿和重修
【规模】今存窟龛194个，泥塑、石胎泥塑、石雕像
共计7 800余尊，壁画1 000多平方米
【地址】甘肃省天水市东南约35千米处

　　麦积山石窟以其精美的泥塑艺术闻名中外。如果说敦煌莫高
窟是一个大壁画馆，那么，麦积山石窟就是一座大雕塑馆。这里
的雕像体现了千余年来各个时代塑像的特点，系统地反映了中国
泥塑艺术的发展和演变过程。

历史背景:丝绸之路上的民间石窟

　　麦积山石窟位于现今甘肃省天水市东南一处十分幽谧的山林
中，这里与北部的荒漠不同，山水异常秀丽，因此古代常有僧侣
来这里避世修炼。其属丹霞地貌沉积岩，山形与众不同，很像农
家高高摞起的麦垛，所以被称为"麦积山"。

　　麦积山石窟的开凿大概是在距今一千六百余年前的十六国后
秦时期。这里常有僧侣歇脚或暂居修行，所以当"丝绸之路"开
通，这里成为必经之处后，来往商人所带来的不同文化及宗教因
僧人们的助力，在这里得以交汇中转，麦积山的佛教文化自此开

麦积山石窟的一个显著特点是洞窟所处位置极其惊险，大都开凿在悬崖峭壁之上，洞窟之间全靠架设在崖面上的凌空栈道通达。游人攀登这些蜿蜒曲折的凌空栈道时，不禁惊心动魄。

麦积山石窟的凌空栈道/卞志武摄

始形成并逐渐发展起来。

　　麦积山石窟因沉积岩材质疏松不适宜雕像，所以以泥塑为主，另有一部分石胎泥塑、石雕和木雕像。这里的塑像不仅集中体现了中华艺术千余年以来各个时代塑像的特点，同时还展示了中国宗教塑像的演变过程，在中国古典艺术中独领风骚，所以麦积山石窟堪称中国塑像博物馆。

　　由于麦积山石窟基本是由民间集资所建，因此其风格区别于官府支持建造的云冈石窟和龙门石窟。麦积山石窟更具民间特色，更接地气，充满意趣。

麦积山石窟的凌空栈道

　　麦积山石窟具有很多与众不同的特点，其中之一就是其建筑位置十分特别，洞窟多建于悬崖陡壁上，石窟间架凌空栈道互相连接。当我们现在登上栈道参观麦积山石窟时，仍会感到心悬腿软，想当年修建这些石窟时该是何其艰险。

作品赏析：绝壁上的东方雕塑艺术

麦积山石窟众多精美的塑像数量庞大。又因其建造时间跨度很长，延续了多个朝代，从而具备各个时期的塑像特点，从中可以看到中国古代雕塑的演变过程，因此被世人誉为"东方雕塑陈列馆"。

麦积山石窟中的塑像之所以获得这么高的赞誉，有赖于两大十分明显的特点：世俗化和民族化。自北魏时期开始，塑像一改先前的平视风格，多塑造为颔首俯视的姿态。雕像的面容温润、和蔼，体现出亲民的态度，更具人性化。雕像的服饰、体形和面容也渐渐脱离了外来艺术的风格，融入了更多的中土文化和民俗特点。

后秦：麦积山石窟开凿于后秦时期（384年—417年）。初期的风格、人物更具异域的骁悍矫健等特点，第74窟、第78窟里的塑像是后秦时期雕塑的代表作。

北魏：北魏时期，麦积山石窟得以长时间稳定发展。这个时期开始形成了本土化的特征，雕像相貌变得清俊风雅，面带笑意，仿佛凡尘俗世的烟云已过，内心达到一种超凡脱俗的境界。第115窟、第133窟里的塑像是这一时期雕塑的代表作。

西魏：西魏时期的塑像继承北魏清俊秀骨的风格并在此基础上进一步凝练精进。这个时期的代表作品位于第121窟、第123窟和第127窟内。第123 窟中的供养女童塑造得十分生动。女童扎双髻、戴项圈，神情安宁，静心礼佛，嘴角眼梢又透着孩童的聪慧伶俐，富有世俗情趣，是中国古代孩童造型塑像中的神品。

在第123窟中的女童像，看上去伶俐可爱，生动传神，朴实平淡，富有人情味，是中国古代早期描绘儿童作品的精品。

麦积山石窟中的女童像/silver age提供

在第127窟正壁的佛像，高肉髻，面型略长，眉细唇薄，嘴角微微上翘，略含笑意，神情庄重之中显得和悦亲切。飞天围绕坐佛而飞翔，结合极其巧妙紧密。

在第121窟左右两壁转角处的弟子与菩萨，似在吟唱耳语，相互联系、富有表情的神态，达到了艺术上的神妙境界。

麦积山石窟中的佛像

北周：北周时期的造像一改先前的清瘦风格，容质转向丰满圆润，肩颈宽硕，鬓角稍低，已显露出之后隋唐塑像的雍容之姿，倍感温文尔雅。第4窟、第62窟里的塑像是北周时期雕塑的代表作。

隋代：隋代虽然只有30多年，但从隋代建的第37窟中的塑像可以看出，隋代在北周造像圆润的基础上，进一步向丰满的方向发展。第37窟中的主佛像高2.1米，脸型方圆，虽有部分残缺但仍不失雄浑与安详。位于其旁的右胁侍菩萨稍矮于主佛像，体态纤长，发冠高束，双手交搭于胸前，简洁生动，是隋代塑像的精品。

唐代：唐代塑像体现了雍容的风格。此时的塑像体态丰满，

麦积山石窟中的菩萨像/silver age提供

眉似满弓，唇廓、耳轮皆珠圆，服饰华丽。唐早期的第5窟中的塑像已显现此特点。

宋代：宋代对麦积山石窟进行了大规模的修缮和建设。早年间的塑像到宋代多已破旧损毁，在宋朝均给予了修复或重塑。宋朝的造像风格偏向清秀，注重写实。以第165窟为例，正壁处一尊弥勒菩萨塑像，左右各立中年女性供养人的塑像，脸型轮廓不再是唐代时的丰腴，呈椭圆，花冠高束，眉眼细长通鼻，鼻梁纤巧，眼角微微上挑，面貌温婉秀丽，身材修长窈窕。服饰十分贴近宋代世俗风格，宛如当时上层社会女子的写照。左右菩萨像也是眉目端庄，神态典雅怡然。

云冈石窟

【建造年代】建于北魏
【规模】主要洞窟45个，附属洞窟209个，石雕造像
　　　　5.9万余尊
【地址】山西省大同市西郊16千米处的武周山南麓

云冈石窟是中国现存规模最大的古代石窟群之一，2001年被联合国教科文组织列入《世界遗产名录》。

历史背景:北魏王朝的波澜起伏

云冈石窟位于山西大同市郊，历史上大同又叫作平城。平城依托武周山，成为边关重镇。约1 600年以前，关外以游牧为生的鲜卑族占领了这一地区，并建国北魏。为笼络汉人便于统治，史称道武帝的北魏开国皇帝拓跋珪，将佛教奉为国教。除了太武帝拓跋焘执政年间有过灭佛运动外，大体来说北魏时期佛教处于蓬勃发展的状态。因此，北魏时期建设佛庵、在崖壁上开凿佛像等兴佛活动十分盛行。

有僧人昙曜上奏北魏文成帝，申请在桑干河支流武周川旁的断崖上开凿石窟，兴造佛像，文成帝为稳固其统治恩准了这个请求。文成帝下令于和平元年（460年）动工，开凿五龛石窟，这也就是著名的昙曜五窟。随着人们对佛教的推崇日甚，武周山地

区开凿的佛龛也越发多起来，目前云冈石窟是中国规模最大的古代佛教石窟群之一，并于2001年被联合国教科文组织列入《世界遗产名录》。

从开建到494年北魏迁都至洛阳前，云冈石窟进入了开凿的鼎盛期，官府支持开凿的大型石窟均在此期间完成，主要有第1窟、第2窟、第5窟至第13窟以及未完工的第3窟。自迁都后，云冈石窟开窟热潮告一段落并逐渐衰落。此后所开凿修建的洞窟规模都不大，开凿洞窟的目的也多转向祈福。

作品赏析：石窟艺术"中国化"

由于云冈石窟并非在同一时期集中开凿，开窟造像活动延续了很长时间，因此石窟、造像数量多，雕像形式丰富，堪称公元5世纪中国石刻艺术之冠。云冈石窟根据开凿时间分为早、中、晚三个时期，每个时期的艺术风格不尽相同。

云冈石窟/silver age提供

早期石窟（第16窟至第20窟）：云冈石窟之所以分为早、中、晚三个时期，除时间上的差别外，也因其风格各有不同。

其中第16窟至第20窟是由皇家支持昙曜和尚最早开凿的，尺寸高大、气势雄浑，造像遗存了袒露右肩等异域特色。前五窟作为首建的石窟，凭借其恢宏的气势和高度的艺术价值，成为云冈石窟的开山典范之作。

据说，当年拓跋焘在下了焚经毁像的旨意后不久便身染重病，且久治不愈。因此他万分后悔。有学者认为第18窟中谦卑忏悔的石佛，即是为拓跋焘所造。这尊造像面带思过神情，右手抚胸自愧，站立不坐，以示受罚。石像身披千佛袈裟，袈裟上的千佛图案，代表当初拓拔焘灭佛时，殉道往生成正果的佛门弟子，袈裟上的千佛图案有大有小，代表这些殉道弟子功德、身份不同。

第20窟中有一座高13.7米的露天佛像，原型为北魏的开国皇

云冈石窟露天大佛

第20窟的露天大佛的原型是北魏的开国皇帝拓跋珪。它高13.7米，面部丰满，两肩宽厚，气魄浑厚，是云冈最富标志性的佛像。

第8窟内两侧有五头六臂乘孔雀的鸠摩罗天，东侧刻有三头八臂骑牛的摩醯首罗天，这种雕像在云冈石窟中极为罕见。

云冈石窟内的鸠摩罗天

帝拓跋珪，气度非凡，也是云冈石窟中最富标志性的佛像。

　　中期石窟大多也是皇家支持建造的，包括第1窟、第2窟、第5窟至第13窟以及未完工的第3窟等窟，其雕像具有雕琢精细、装饰华美、复杂多变等艺术特点。这一时期是云冈石窟开凿的鼎盛时期。

　　由于佛教是从印度传入中国的，所以早期云冈石窟的雕像带有明显的肉髻、右袒肩等印度风格。中期的石窟，不仅建造手法越发丰富，艺术风格也与早期石窟有了差别，更多地融入了中国的文化特色，使其更加本土化，更易深入人心。古朴厚重是这个时期的艺术风格。

　　第8窟内的石像十分罕见，分别表现的是五头六臂的鸠摩罗天，乘孔雀而行。

第34窟尤以西壁飞天最为出彩，飞天容颜姣好，发髻高束，裙裾饰带飘逸，舞姿轻盈优雅。

第11窟为研究中国音乐史提供了重要史料。内壁上刻满了沉醉于演奏排箫、筌篌和打击乐器的伎乐天人，其中有些乐器和演奏方法今已失传，所以这座洞窟尤显珍贵。

晚期石窟多分布在西面，有中小型窟龛200多座。北魏迁都洛阳后，皇家基本停止了在云冈的开龛工程，因此后期的石窟多是私人所建，大多以祈福为目的。其规模虽不能与前期和中期相比，但其结构十分繁复有趣。窟内所造石像多体态轻盈、清瘦，这也从侧面反映了北魏后期人们的审美倾向。

第34窟西壁的飞天最为精彩，头梳高髻、面容秀丽，短衫长裙，飘带飞扬，翩翩起舞，轻盈优美。

云冈石窟内的飞天雕像/silver age提供

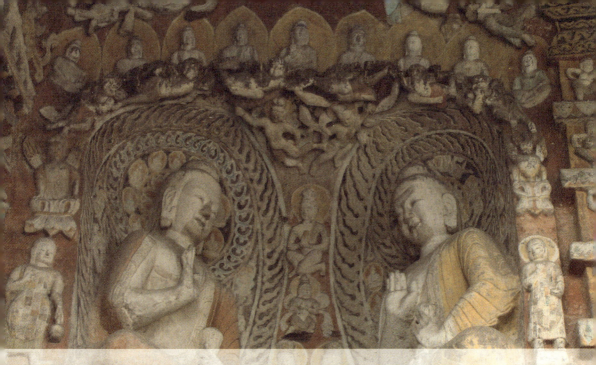

第15窟是著名的万佛洞。窟内四壁布满排列整齐的佛像，保存至今的约有8 900余尊。西壁的动物浮雕也很生动，是中国北朝石窟雕刻艺术中唯一的创作。

云冈石窟内的万佛洞/silver age提供

　　第15窟中整齐地刻满了佛像，这就是著名的万佛洞。窟内的石质佛像至今保存有8 900余尊，虽已面貌不清，但能看出当年每尊佛像都刻造得一丝不苟，以致气韵尚存。西壁上的动物浮雕也分外生动，堪称中国北朝石窟雕刻中的佳品。

　　云冈石窟早期作品深受古印度造像的影响，到了中期开始融入中土文化，出现了汉化趋势，晚期逐渐形成了具有中国文化特质的佛教艺术。

龙门石窟

【建造年代】始建于北魏，后历经东魏、西魏、北齐、
　　　　　　北周、隋、唐、五代、北宋等朝代营造
【规模】南北长达1千米，今存窟龛2 300余个，题记
　　　　3 600余种，其中"龙门二十品"在中国书
　　　　法史上占有重要地位；造像10万余尊，最高
　　　　的超过17米，最小的仅2厘米
【地址】位于河南省洛阳市南郊伊河两岸东西两山峭壁上

　　龙门石窟始凿于北魏孝文帝时（471年—477年），历经400余年才建成，迄今已有1 500余年的历史。龙门石窟建造时延续时间长，跨越朝代多，从不同侧面反映了中国古代政治、经济、宗教、文化等众多领域的发展变化，对中国石窟艺术的创新与发展做出了重大贡献。

历史背景：皇家风范的千古佛都

　　距河南洛阳城南6千米的地方有座峡谷，伊河滔滔穿谷而过。两岸的香山（东山）与龙门山（西山）对峙着，远远望去，宛如门阙，古人称之为"伊阙"。隋炀帝迁都洛阳时，皇宫的正门恰好对着"伊阙"，古时候皇帝都以真龙天子自居，伊阙自此便得了个"龙门"的称号，延传至今。

　　龙门石窟开凿于北魏迁都洛阳（494年）前后，经历了不同

朝代，历时400余年才得以建成。因此，朝代变迁导致的宗教观念差异、经济兴衰、文化习俗的演变都在龙门石窟造像和装饰中有所体现。所以说龙门石窟是研究中国历史与文化的宝库。

北魏孝文帝统治时期，为了便于对中原的统治，于494年将国都由平城（今山西大同）迁至洛阳。当时，兴佛、礼佛是消除民族矛盾、拉拢民心的有效手段。有了先前在大同开凿云冈石窟的经验，所以一到洛阳，官府就派人着手考察，并寻找到了山体材质便于雕刻，且风景秀丽的伊阙东西山（现洛阳香山、龙门山）进行开窟造像。龙门石窟从北魏开窟，历经了东魏、西魏、北齐、北周、隋、唐、五代、北宋等朝代。在这400余年间，龙门石窟大规模的修建期主要集中在北魏和唐代。所以龙门石窟中北魏开凿的石窟约占30%，唐代开凿的石窟约占60%。今天我们参观龙门石窟时看到的大多是唐韵风华，其庞大的规模和璀璨的艺术，把中国古代石窟艺术推向了一个新的高度。

小链接：石窟

　　石窟本是印度佛教的一种建筑形式。早期印度佛教僧侣们多在人迹稀少的山林地带，寻觅幽寂处依山凿洞，供其打坐静修身心之用。这些原本仅能容纳一人的简陋石洞，历经演化，逐渐在印度形成集建筑、绘画、雕凿艺术之大成的石窟寺，随佛教传入中国，并在中国兴起了宗教造窟的热潮。石窟也在中国发展成了具有民族和艺术特色的独特宗教艺术形式。

作品赏析: 石头上留下的千古绝唱

　　龙门石窟成为北魏和唐代皇家及贵族造像最集中的地方。依仗皇家雄厚的财力，龙门石窟的规模非常宏大，其富丽精美以及在艺术史上的地位是其他石窟难以企及的。在众多洞窟中，以宾阳中洞、奉先寺和古阳洞最具代表性。

魏窟

　　北魏统治者所属的鲜卑族因常年游牧征战，多矫健清瘦。所以北魏所造的佛像也略显清瘦，大多长颊、削肩、平胸，衣纹线条平直。这些塑像并不呆板，它们的眉眼、唇角总是透显着一丝活泼。代表性石窟为宾阳中洞、古阳洞、药方洞。

　　宾阳中洞是北魏时期宣武帝为他的父亲孝文帝建造的功德窟，"宾阳"是迎接太阳升起的意思。原本计划建造三个洞窟，但因种种原因，耗时24年只完成了宾阳中洞。直到唐代初年，才完成了宾阳南洞和宾阳北洞主像的建造。宾阳中洞以表现过去、现在、未来三世佛为主题，主佛为释迦牟尼。特别值得注意的是释迦牟尼佛服饰的变化，自北魏迁都洛阳后，佛像的造型更具本土化，已经不再袒肩。

宾阳中洞是北魏时期的代表性作品。这个洞窟前后用了24年才建成，是开凿时间最长的一个洞窟。洞内有11尊大佛像。主像释迦牟尼像面部清秀，神情自然，堪称北魏中期石雕艺术的杰作。主像座前刻有两只姿态雄健的石狮。左右侍立二弟子，二菩萨，菩萨像含笑凝眸，温柔敦厚。洞中还雕刻着众菩萨、弟子听法的浮雕像，栩栩如生。窟顶飞天仙子的刻画也十分传神。

龙门石窟内的宾阳中洞/silver age提供

龙门二十品

"龙门二十品"是北魏时期二十方造像的题记，一品出自老龙洞外第660窟慈香窟，十九品出自古阳洞。这些字体处于隶书向楷书的过渡阶段，外轮廓偏扁方，笔画转折刚直，充满了力量和古拙的美感。该字体在北魏时期以碑刻的方式留存下来，故称"魏碑体"。"龙门二十品"是北魏时期的书法艺术精品，具有十分重要的研究价值。

依照武则天的相貌建造于唐代的大卢舍那大佛位于奉先寺的雕塑群中，是龙门石窟中最大的造像。大佛总高17.14米，头高4米，耳长1.9米。梵语"卢舍那"翻译成中文即是光明普照的意思。

奉先寺雕塑群是一个主次协调完美的艺术体。大卢舍那大佛像旁边设有众弟子阿难、迦叶、胁侍菩萨和力士及天王的雕像，它们的面貌有的凌厉，有的平和，有的虔诚，有的可亲。古代艺术家们可谓是匠心独具，他们巧妙地利用众像变化丰富的表情，来衬托出大卢舍那大佛悲悯世人、慈怀天下的艺术感染力。这些雕塑从设计到雕工都代表了唐代雕刻艺术的最高成就，是中国雕刻艺术史上的一座丰碑。

大卢舍那大佛/卞志武摄

唐窟

生活安定富足的唐代人普遍比前朝人健硕丰满，唐代也就自然以丰腴为美。因此唐代石刻的面型圆润，身形宽厚，肩线从前朝的下斜改横平，衣纹也多用圆线，雕刻的刀法流畅平滑，强调表现丝绸织物的垂柔感。唐代造像的艺术风格追求刚柔相济、雄浑生动，达到了中国古代佛雕艺术的顶峰。唐代具有代表性的石雕当属龙门石窟奉先寺。

奉先寺是整个龙门石窟总体设计最缜密、建造规模最大的露天石窟。这里有最具代表性的唐代作品。奉先寺以大卢舍那大佛龛群雕而闻名，其中又以位居中间的那尊伟岸磅礴的大卢舍那大佛最为著名。

　　位于宾阳洞内的《伊阙佛龛之碑》，碑文共1 600余字，由著名书法家褚遂良所书，所以又被称作《褚遂良碑》。《伊阙佛龛之碑》名为碑，实际上是件摩崖石刻。因摩崖的位置大多远离观者，为了能使人看清上面的字，通常刻在摩崖上的字要大于碑刻上的字。所以《伊阙佛龛之碑》是迄今所见褚遂良书法中，字形最大的作品，其笔画圆秀，间架端正，是初唐楷书的代表作。

昭陵六骏

【建造年代】唐代
【作者】阎立德、阎立本
【规格】宽2.04米，高1.72米，厚0.4米，每块重达3.7吨
【现状】现存于美国宾夕法尼亚大学博物馆、陕西省
　　　　西安碑林博物馆

　　"昭陵六骏"是陕西醴泉唐太宗李世民陵墓昭陵北面祭坛东西两侧的6块青石浮雕石刻，每块石头上刻着一匹骏马。每块石刻宽约2米、高约1.7米。"昭陵六骏"是具有纪念意义和艺术研究价值的唐代石刻艺术珍品。

　　关于"昭陵六骏"的创作过程，传说是这样的。唐太宗先指定阎立本画出六匹骏马的画稿，再由阎立本的兄长阎立德雕刻而成。当时阎立德、阎立本兄弟以及他们的父亲都是朝廷的御用艺术家。阎立本长于绘画，其代表作《步辇图》《历代帝王像》都是中国绘画史上的不朽之作；阎立德不仅精于雕刻，还擅长绘画和其他工艺技巧。

　　在"昭陵六骏"群雕中，每匹战马都有自己的名字，分别名为"拳毛騧""什伐赤""白蹄乌""特勒骠""青骓""飒露紫"。李世民亲自为这六匹骏马题了赞语，以记述它们的战功和风采。

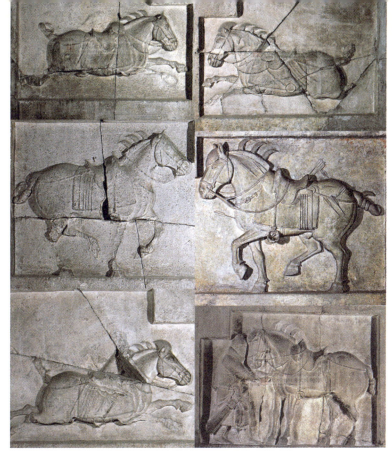

昭陵六骏/silver age提供

历史背景: 唐太宗忆爱马

　　李世民的天下，是他驰骋疆场、浴血奋战拼出来的。在多次重大的战役中，李世民都骑着心爱的战马身先士卒去冲锋陷阵，可以说战马是他最亲密的伙伴，也是助他夺取天下的功臣。636年，李世民着手兴建昭陵时下诏，要建造六块浮雕石刻纪念碑放置于祭坛的东西两侧，碑上雕刻的是曾经陪伴他出生入死的六匹战马，以追记这些战马的功绩来寄托对它们的哀思。修建这六块石碑还有一层更深的含义，就是缅怀那些为建立唐代付出了鲜血甚至生命的人。

作品赏析: "六骏"各有故事

"昭陵六骏"将骏马站立、行走、奔跑等一系列由静到动的姿态，用浮雕的形式加以定格，欣赏它们时，不禁会让人联想到当时战斗的激烈场景。这件作品以其巧妙的艺术构思和精湛的雕刻技艺而闻名，是极为珍贵的文物。

特勒骠

特勒骠，为李世民平定宋金刚时所乘骑。"特勒"原是突厥官职称谓，再加上其腿长腹小的特点，可断定此马是突厥名种"汗血马"。据说此马毛色黄中带白，嘴角微黑。浮雕中特勒骠左侧两腿抬起，右侧两腿着地，一侧腿同起同落的对侧步，是经过严格训练才能达到的仪仗步法，此马可谓训练有素。唐太宗为它题赞语："应策腾空，承声半汉，天险摧敌，乘危济难"。

该雕刻现存于西安碑林博物馆。

特勒骠/silver age提供

小链接：

　　619年，李世民在山西与宋金刚展开激战。特勒骠载着李世民，连续三天人不解甲，马不卸鞍。特勒骠曾经连夜驰骋100千米追击敌军，与对手昼夜厮杀。这样的硬仗一连打了8个，立下了赫赫战功。

青骓

　　青骓，是李世民征战洛阳虎牢关时的坐骑。骓，字面意思为顶级宝马。青，则是突厥语的音译，在这里并不指颜色。据说此马毛色偏白。雕刻上青骓鬃尾翻飞，四蹄横成了一线，其奔跑速度就一目了然了。据说在战斗中青骓身中五箭，但仍带伤助李世民得胜。战后李世民欣然为它题赞："足轻电影，神发天机，策兹飞练，定我戎衣"。

　　该雕刻现存于西安碑林博物馆。

青骓/silver age提供

小链接:
　　当年李世民骑着青骓，带领精锐部队闪电般地杀入了敌阵，十几万敌军瞬间被打得措手不及，狼狈溃退，战斗中还擒获了敌军首领窦建德。

什伐赤

　　什伐赤，也是李世民征战虎牢关时乘骑的战马。"什伐"为波斯语"马"的音译，什伐赤是指波斯赤红宝马。浮雕上什伐赤的姿态与青骓相仿，且身上也中五箭，说明虎牢关一战的残酷。李世民为什伐赤所题的赞语如下："瀍涧未静，斧钺申威，朱汗骋足，青旌凯归"。

　　该雕刻现存于西安碑林博物馆。

什伐赤/silver age提供

小链接:

620年，在平定反军王世充及其援军窦建德部队的虎牢关战役中，李世民伤亡了三匹宝马，什伐赤是其中的一匹。

飒露紫

飒露紫，也是在虎牢关战役中，李世民乘骑的一匹战马，由于这匹马毛色偏紫，所以取名为"飒露紫"。这块浮雕表现了一名战将为胸部中箭的战马拔除箭头的场景。人与马头对头、脸对脸，一股人爱惜马、马依赖人的情义跃然画面。李世民为飒露紫也题写过赞语，称其为："紫燕超跃，骨腾神骏，气詟三川，威凌八阵"。

该雕刻现存于美国宾夕法尼亚大学博物馆。

飒露紫/silver age提供

小链接：

　　事情发生在平定虎牢关的战役中。某日李世民率少量精兵，深入敌营进行侦查，不料被敌军首领王世充发现，随即率军追杀。李世民的部下被打散了，他只好且战且退，战斗中坐骑飒露紫中箭受伤，身边仅剩的将军丘行恭将自己的战马让给了李世民，自己护卫着李世民和受伤的飒露紫，奋力杀退了追兵，幸运地返回了军营。为了表彰丘行恭拼死护驾的果敢忠心，李世民特意将丘行恭的形象刻在石板上以表彰纪念。这是六块浮雕中唯一一块有人像出现的。

拳毛騧

　　拳毛騧，它载着李世民在河北平定刘黑闼，血战中身中九箭死于疆场。李世民痛惜爱马，给它题写了赞语："月精按辔，天驷横行。孤矢载戢，氛埃廓清"。

　　该雕刻现存于美国宾夕法尼亚大学博物馆。

拳毛騧/silver age提供

小链接:

　　碑刻上拳毛騧呈行走状，暗示它脚力强健。据说当时它身上的毛发有旋不顺，因此被视为贱丑。但李世民看它蹄大擅跑，所以不计较它的样貌，而且爱惜有加，这也说明李世民慧眼识英雄的英明。

白蹄乌

　　618年，李世民骑着白蹄乌奉旨平定陕西。因其周身乌黑只有四蹄雪白，从而得名"白蹄乌"。

　　李世民赞其曰："倚天长剑，追风骏足，耸辔平陇，回鞍定蜀"。

　　该雕刻现存于西安碑林博物馆。

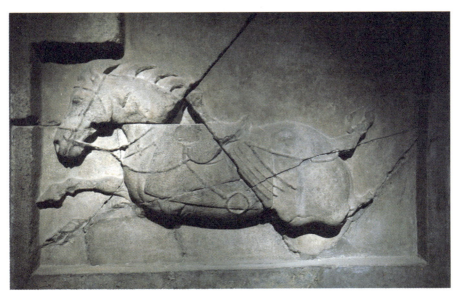

白蹄乌/silver age提供

作品流传：国宝流落海外

　　"昭陵六骏"中最精彩的两块石雕"飒露紫"和"拳毛䯄"，在1914年被人为打碎后装箱盗运到美国，现藏于宾夕法尼亚大学博物馆。为使"飒露紫"和"拳毛䯄"日后能全球巡回展出，2010年，美国邀请中国专家前往共同修复这两件珍宝。其余四块也曾被盗运过，未出境即被截获，现陈列于西安碑林博物馆。

乐山大佛

【建造年代】唐代
【规格】高71米，头高约15米，肩宽约24米
【地址】位于四川省乐山市南岷江东岸凌云寺侧

乐山大佛，又称凌云大佛，坐落于四川省乐山市。此地岷江、青衣江、大渡河三江汇流，有凌云山栖霞峰，大佛依临江峭壁凿刻而成，为弥勒佛[①]坐像，通高71米，是中国现存最大的摩崖石刻[②]造像。

历史背景：海通法师与乐山大佛

据记载，乐山大佛开凿的发起人是海通法师。海通法师，唐代贵州人，本名清莲，意为出淤泥而不染，洁身自好。他12岁出家，24岁别过师父独自云游。走到三江汇聚凌云山处，认为此地是最佳修行处，遂搭茅屋居而静修。三江水在流量、流向、风力的共同作用下，常常兴风作浪，导致往来船只在此失事。古时候百姓便认为这是江妖在作怪。海通法师便发愿要依山雕刻一座天下最大的弥勒佛，日夜面对江水，以镇江妖，来保佑往来船只平安。海通法师的心愿得到广大民众的支持，工程得以开启。大佛的影像也日渐清晰。或许开山减小了三股水流的相互冲击力，江面日渐平静，失事事件越来越少。但百姓认为这一切都是出于大佛的保佑，所以大批工匠和民间资金源源不断汇集而来。有一位贪财的郡守，认为

可以从工程中捞到油水，于是带人前来索取大佛的建造费和保护费，但被海通法师坚定地拒绝了。他大义凛然地说："我宁肯失去自己的眼睛，也不能让任何人动建佛的钱！"说完，海通法师马上取出尖刀，挖去了自己的一只眼球，放在盘子里端向官吏。郡守吓得手足无措，慌忙逃离了现场。海通法师圆寂时，大佛还未建成，建佛的工程也就随即停工了。后由官方支持，经过三代工匠修建，历时90年，大佛终于得以建成。

作品赏析："山佛合一"的经典之作

　　乐山大佛背靠青山，面朝江水，头顶齐凌云山，脚底平岷江江面，双手平放于膝盖，正襟危坐。称得上是山佛合一，法相庄严。

　　大佛从整体到细节都是按照佛经典籍的规制修建的。与山同

乐山大佛全貌/卞志武摄

高的体量和厚重、波澜不惊的姿容，都给了往来船客莫大的心理
安慰。

> **小链接：**
>
> 　　乐山大佛通高71米；头高约15米，宽约10米，头顶面积
> 足以放一张大圆桌；佛耳长近7米，鼻长5.6米，眉长5.6米，
> 眼长3.3米，唇宽3.3米；肩宽20多米，手指长约8.3米，脚背宽
> 约8.5米，脚背上可容纳百余人。特别值得一提的是，1962年
> 维修大佛的时候，发现大佛头上远观为一体雕成的螺髻，实际
> 上是一个个单独雕刻再嵌装上去的，共计1 051个，可见人们
> 当时造佛的虔诚和工艺的精细。

巧妙的排水系统

乐山大佛技术与艺术高度结合。为了使大佛不被山洪破坏，不被雨水侵蚀，古代工匠在修建大佛的同时，还修建了一套隐藏巧妙的排水系统。大佛有18层螺髻，在第4层、第9层、第18层各有一排横向的排水沟；衣领、衣纹、褶皱处也有排水沟；胸左侧与右臂后侧的排水沟则是互通的；耳朵、胸部还有既可排水，也可通风的空洞。正是这些设计精妙的排水通风系统，从而保持了大佛外观的完整美观，又避免了雨水对大佛的侵蚀，使得大佛经历千余年而安然无恙。

乐山大佛始终俯瞰着滔滔江水/silver age提供

知识拓展

　　①弥勒佛：佛教八大菩萨之一，佛经上说，弥勒佛出世就会天下太平，带来光明和幸福。其中，布袋弥勒佛的形象最被人熟知——笑口常开，大肚能容。

　　②摩崖石刻：中国古代的一种石刻艺术，指在山崖石壁上所刻的书法、造像或者岩画。它起源于远古时代的一种记事方式，盛行于北朝时期，直至隋唐以及宋元以后连绵不断，有着丰富的历史内涵和史料价值。

华严寺菩萨泥塑

【建造年代】辽代
【地址】山西省大同市华严寺薄伽教藏殿内

菩萨造像的集大成者

山西省大同市大西街坐落着一幢辽代修建的寺庙，这就是依据《华严经》而建的上下华严寺。华严寺的建筑、藻井、塑像、壁画堪称辽代艺术经典。下华严寺的薄伽教藏殿①内有31尊佛教彩塑像，其造像生动，具有极高的艺术价值，在中国雕塑史上占有重要的地位。

大殿中央的莲花台上放置了寓意过去、现在、未来的三世佛，以三尊大佛为中心又塑有四大菩萨、胁侍菩萨、供养童子，四大天王等像。它们或站或坐，神态各异。

文殊菩萨和普贤菩萨：这两座菩萨像，皆是释迦牟尼佛的胁侍菩萨，释迦牟尼佛坐于正中，左为文殊菩萨，右为普贤菩萨。

> **小链接：**
> 胁侍菩萨是修行最高的菩萨，修为觉悟仅次或等同于佛陀，在未成佛时常伴在佛的身边，助佛宣扬佛法，广布教义普度众生。每一位佛都会有两位甚至更多位的胁侍菩萨相伴相随。

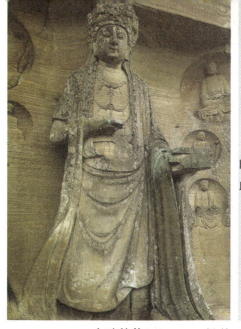

文殊菩萨与般若经典有十分密切的联系，是佛教四大菩萨之一，也因此被世人称作大智文殊师利菩萨。

文殊菩萨/silver age提供

文殊菩萨神态沉稳、专注。普贤菩萨则眉目间不掩温和，抬着右手似有思忖之态。

月光遍照菩萨和日光遍照菩萨：这两位菩萨胁侍于药师佛身旁。其名字里就有普照天下之意。殿中的月光遍照菩萨似乎在认真聆听，而且像在边聆听边思考；而日光遍照菩萨则是面容平寂，好似已大彻大悟。

观世音菩萨和大势至菩萨：这两位菩萨为阿弥陀佛的胁侍菩萨。其表情宽厚端庄，目视前方毫无一丝怠慢之意。

在全殿31尊塑像中，最特别的要属有"东方维纳斯"美誉的合掌露齿菩萨[②]。

"东方维纳斯"

这尊菩萨体态匀称，身体略微侧倚，神情柔和，好似一位翩翩少女亭亭玉立在莲花之上，身后仿佛有光华万千。其重心置在右腿之上，左脚轻抬，恍若荷莲轻动，曼妙自若。所有菩萨向来都是不露牙齿的，唯独这尊菩萨像却露齿微笑，让观者倍感亲

合掌露齿菩萨被称为"东方维纳斯"/silver age提供

切。关于"合掌露齿菩萨"的由来有不同版本的传说，但所有传说的共同处是说该菩萨的原型是一位民间少女。

知识拓展

①薄伽教藏殿：建于1038年，是我国现存不多的规模较大的木结构佛殿之一。"薄伽"是梵文"佛"的音译，"薄伽教藏"就是贮藏佛经的地方。

②合掌露齿菩萨：其似笑非笑的模样显出几分聪慧，好像对佛经及课业讲授已有独到的领悟，在不经意间流露出了几分内心的喜悦之情，但又不失端庄的神色。造像礼节合度，收放自如，除了有对宗教的虔敬，更饱含了青春蓬勃之气，少了绝世的冰冷高傲，多了人间的真情实感，是件超脱世俗的艺术珍品。

晋祠群雕

【建造年代】宋代
【规模】43尊
【地址】山西省太原市西南25千米处的晋祠圣母殿内

　　这41尊宋代彩塑与2尊明代补塑的彩塑，至今依然立于山西太原晋祠圣母殿内。这些雕像制作得出奇的精美，古代的艺术家们运用了现实主义的创作手法，使人像的神态姿容写实、生动，甚至可以传递出丰富的思想情感，可谓是中国古代泥塑中的杰作。

历史背景：唐叔虞与晋祠

　　晋祠建于北魏前，是为纪念唐叔虞的功绩而修建的，因此又被称作唐叔虞祠。叔虞是周武王次子，周成王的同母弟弟。一日，周成王同叔虞玩耍时摘下一片桐叶递给叔虞，说："这个好比是玉圭，我封你为诸侯。"他们的父亲武王得知此事后询问成王。成王道："我只是和他开个玩笑。"武王则正颜道："君无戏言。"于是待成王继位后，命人平定黄河、汾河以东一带的唐国叛乱，后将这一地区册封给叔虞，叔虞就这样成为唐国国君，并被后人称为唐叔虞。

　　叔虞在唐国执政之初，由于叛乱刚刚平定，外加四周多戎狄部落，民族矛盾非常尖锐。鉴于时局，叔虞倡导创立了以尚公、

尚法、尚贤为核心的三晋文化，并推行用当地的风俗政策来管理当地人的执政方法。叔虞因势利导的策略深得民心，使当地农牧业得到了快速发展，人民得以安居乐业。

叔虞去世后，他的儿子继位并迁都于晋水旁，于是改国名为晋国。后人感念叔虞的功绩，修建唐叔虞祠以示纪念，因后来的国名和所处的地理位置，于是后人又称之为晋祠。

宋代时，宋仁宗追封叔虞为"汾东王"，并为其母邑姜在晋祠内修建了圣母殿。圣母殿规模宏大，里面的彩塑艺术价值很高，此殿也成为晋祠的主殿。

小链接：

在晋祠内，精美的宋代彩塑、周柏（北周时种的柏树）唐槐（唐朝时种的槐树），以及恒温17℃的难老泉（晋水源头），合称为"晋祠三绝"。

作品赏析：现实主义的雕塑杰作

圣母邑姜的塑像为主像，位于大殿中央。这尊彩塑凤冠霞帔，衣饰繁复，但因要拘执身份和礼节，以至于其神情不如其他陪衬塑像显得那么生动亲切。在圣母邑姜塑像的左右两侧，按照不同司职，有序地排列着42尊塑像，包括女官（着男服）像4尊，宦官像5尊，侍女像33尊。看过这些塑像的人，一定会对古代艺术家们的技艺感到惊讶，因为每尊塑像的瞬间情态都抓得非常典型和精彩！

小链接：

尚，有掌管的意思。"六尚"就是为皇家掌管事务的人。在战国时已经有尚衣、尚冠、尚书等职，到秦代规范成尚冠、尚衣、尚食、尚沐、尚席、尚书"六尚"，任职人员有男有女，以女性为多。从汉代起，尚书一职渐渐成为执政要员，由男性担任。

隋朝内廷设有女官六尚，分别为尚宫（负责导引皇后及赏赐等）、尚仪（负责礼仪教学等）、尚服（负责服饰等）、尚食（负责饮食、医药等）、尚寝（负责帷幄、被褥等）、尚工（负责营造、百役等），她们官从九品。

主像圣母邑姜/silver age提供

这个侍女的双手原本应该拿着一件稍有体积和分量的物品，只见她右手托，左手扶，从这些细节里，可以看出她是个做事稳当的人。她看起来步履匆匆，应该是去送主人急用的物品。从她的姿势来分析，此时一定是左边有人告诉她，还有其他的事情等她去办。她边走边听，表情从容，说明她虽年轻，却已经服侍圣母多年了，具有丰富的经验，可以胸有成竹、有条不紊地处理好诸多事情。

从发型、服饰以及下垂的颊肌等处可以看出，这位侍女的年纪已经不小了。她双手交握在胸前，好像在顺从地随时听候差遣。

这位侍女神态矜持端庄，给人感觉做事一定既稳当又可靠。只见她左手托着一个方形小包。右手稳稳地扶着。从包裹的形状和大小，可以判断里面装的应该是印章之类较为重要的物品。

这个十几岁的小侍女眉眼间距离开阔，透着股稚气。她双手一高一低，握着绢巾的两端，凝神远望，仿佛沉浸在自己的世界里，或许还在想着进宫前与小伙伴一起玩耍的情景。她重心置于左脚，右脚轻轻点着地，似乎想要跳舞。

这尊彩塑也是手握织物，但与小姑娘不同的是，她的织物是对折卷叠后，握在右手心里，而左手捋着巾梢，有人说这是一位扮演小旦的侍女。据说京剧表演艺术家梅兰芳先生参观晋祠时，是这样评价这尊塑像的："一颦一笑，似诉平生。"若真是演戏的侍女，看她的姿态或是待要表演，或是刚刚演完，表现的恰是她手缠绢帕，微微颔首向圣母致意的瞬间。

第二章　绘画

　　中国古代绘画艺术从原始社会的岩画到清代绘画，经过漫长的发展和演变，其艺术造诣璀璨辉煌，成为人类文化遗产的重要组成部分。中国古代绘画的主要工具有毛笔、墨、矿物颜料等，载体有岩石、墙壁、纸、绢等，题材有人物、山水、花鸟走兽、建筑等，技法主要为工笔和写意。

敦煌石窟

【建造年代】始建于十六国的前秦时期，后历经北朝、隋、
　　　　　　唐、五代、西夏、元等朝代兴建
【规模】洞窟700余个、壁画4.5万平方米、泥质彩塑3 390身
【地址】甘肃省敦煌市东南25千米处鸣沙山东麓

　　敦煌石窟，我国著名佛教艺术石窟，包括古代属于敦煌境内的莫高窟、榆林窟、西千佛洞等，以莫高窟建成最早、规模最大、内容最丰富，所以敦煌石窟一般特指莫高窟。莫高窟始建于十六国的前秦时期，后来北朝、隋、唐、五代、西夏、元等朝代均有建造，形成700余洞窟、4.5万平方米壁画、3 390身泥质彩塑的巨大规模，是世界上现存规模最大、内容最丰富的佛教艺术圣地。莫高窟是中国"四大石窟①"之一，1987年被列为世界文化遗产。

莫高窟/silver age提供

历史背景：千年"梵音"的绝响

公元4世纪，内地的持续战乱造成了社会动荡。此时的统治者需要借助某种精神力量来稳定民心，稳固统治。百姓则需要寻求某种精神寄托来缓解现实生活的悲苦。因此，统治者和百姓都不约而同地把这种诉求指向了佛教。

当时，敦煌是"丝绸之路"途经河西走廊上的重镇，也是佛教和佛教艺术传入中国的必经之地，加上当时这里也相对安定，于是在该地开展佛教龛窟的营建，也是顺理成章的。随着隋代皇室对佛教的笃信，以及唐代国力的强盛和对外交流的活跃，从而形成了敦煌石窟营建的高潮。到了宋代，由于海上丝路的开通，途经河西走廊的这条"丝绸之路"日渐冷清，敦煌失去了往昔的重要地位，石窟的营建也就随之衰落并趋于停止。16世纪到18世纪，莫高窟尤其是窟内的雕像遭到了严重破坏。20世纪初，由于内外勾结，莫高窟又一次遭到了浩劫，不少精品被盗，流失海外。

作品赏析："东方的卢浮宫"

  敦煌艺术主要包括以莫高窟为主的，由窟内的建筑、壁画和塑像组成的综合艺术。塑像以泥土彩塑为主，建筑以石窟形式为主，最多、最精彩、最主要的是壁画。其表现内容主要有：佛及菩萨等宗教人物画像、经变画（用绘画的方式，通俗易懂地图解深奥的佛经内容）、有教益的神话故事、供养人（虔诚地信奉佛教并出资修建石窟的人）画像、山水画、藻井图案、其他装饰图案等。每个时期的壁画都带有不同的绘画特征。

月牙泉畔的敦煌莫高窟/silver age提供

十六国和北魏时期的壁画：壁画艺术的初期

1.特点：线条飞扬洒脱，人物、动物展现的都是被夸张了的典型姿态，赭红、石绿运用得较多，带有明显的异域风情。

2.代表作品：位于第275窟、第254窟、第257等窟中。

西魏时期的壁画：壁画艺术的发展期

1.特点：描绘人物、动物的线条几乎找不到直线，大多运用的是动感十足的曲线和流线，使人物和动物的形象更加灵动；各种色度的蓝色运用较多。

2.代表作品：位于第249窟、第285窟等窟中。

莫高窟第275窟内的九色鹿本生故事壁画/silver age提供

莫高窟第249窟内的狩猎场景壁画/silver age提供

隋唐时期的壁画：壁画艺术的高峰

1. 特点：线条开始变得绵密挺劲，形象变得丰腴写实，色彩丰富而浓艳，出现了构图宏大的通壁大画。

2. 代表作品：位于第220窟中。

《维摩诘》根据《维摩诘经》（又称《不可思议解脱经》《净名经》）绘成。

传说维摩诘是居住在吠舍离城的居士，家境富裕，所以得以深入研究佛法。他对大乘佛法有自己独到的见解。曾与文殊菩萨等人就大乘佛法有过深入的辩论。他对一般佛家弟子思想、行为的片面性，加以毫不留情地斥责批判。壁画所描绘的就是维摩诘在阐述自己观点的情景。

莫高窟第220窟内的《维摩诘》壁画/silver age提供

《维摩诘》位于第220窟前壁，根据《维摩诘所说经》绘成，主要描述了文殊菩萨受佛嘱托，率众人来慰问病中的维摩诘居士，二人之间展开了一场辩论，来阐发佛教大乘理论。

右侧是维摩诘，他手握麈尾，在帐内抚膝而坐，身体前倾，略现病容，但目光炯炯，咄咄逼人，神思飞扬。和慷慨激昂的维摩诘相比，左侧的文殊菩萨从容就座，举止庄重，神态自如。下部是随同文殊前来听法的帝王群臣，各国王子，肤色和服饰均不同，神采风貌各有特点。

五代和宋代时期的壁画：壁画艺术的衰落

1. 特点：民间色彩浓厚，少有豪迈壮阔的场面，绘画用色多用灰暗的大绿、赭石、茶黑，显露出冷清的情调，题材多为供养人像和出行图。

2. 代表作品：位于第61窟中。

位于61窟中的《五台山图》，长13.45米，高3.42米。是敦煌壁画中规模最大的绘画式全景人文地图。描绘了从五台山到河北正定的山川、建筑、商旅等风貌，是历史、地理、宗教、人文研究的重要珍贵资料。

莫高窟第61窟内《五台山图》壁画局部/silver age提供

《五台山图》位于第61窟中，是敦煌壁画中规模最大的山水人物图，也是最大的全景式人文地图。

莫高窟内美妙绝伦的飞天壁画/silver age提供

知识拓展

　　① 四大石窟：甘肃敦煌的莫高窟、山西大同的云冈石窟、河南洛阳的龙门石窟与甘肃天水的麦积山石窟。

《洛神①赋图》

【绘制年代】东晋
【作者】顾恺之
【规格】绢本、设色，纵27.1厘米，横572.8厘米
【现状】（摹本）北京故宫博物院、辽宁省博物馆、
　　　　美国弗利尔艺术博物馆等处收藏

　　《洛神赋图》是东晋著名画家顾恺之的代表作，是根据曹植文学名篇《洛神赋》绘制的长卷，具有极高的艺术价值，被列为"中国古代十大名画"。

历史背景：用绘画表达文学

　　《洛神赋》是三国时期曹操的儿子曹植写下的经典爱情文章。曹植年轻时与上蔡县令的女儿甄宓相爱，不料甄宓却被迫嫁给曹植的兄长曹丕。由于曹丕是兄长，是皇帝，迫于伦理，曹植只好将这段感情深藏心底。甄宓生下曹叡后被迫害致死。曹植得知甄宓离世，心痛欲裂。在他路过洛水歇息时，梦见貌如甄宓的洛神前来和他相会。梦醒后，曹植难以摆脱梦中情景，更加思念甄宓，于是写下了名篇《感甄赋》，此文后来被明帝曹叡修改了名字，成为《洛神赋》。

　　顾恺之则根据《洛神赋》画成了传世名画《洛神赋图》。

后人认为，曹植笔下的洛神其实就是甄宓的化身，表达了曹植对爱人深切的思念之情。曹叡为了维护尊严和形象，改了题目，从而女主角由人换神，变成洛神。

著名画家顾恺之被曹植的真情和富有感染力的文字所感动，凭着丰富的想象力和卓越的绘画技巧，再现了曹植隐忍的柏拉图式的爱情故事。《洛神赋图》画卷完成后，成为中国美术史上的经典之作。《洛神赋图》的真迹早已失传，现在传世的是宋代摹本。传世的摹本共有五幅，其中，北京故宫博物院收藏的《洛神赋图》最接近顾恺之的原作。

作品赏析： 流传千古的爱情诗篇

《洛神赋图》长卷分为三个部分，以连环画的形式再现了曹植凄美的精神恋情。

第一部分：惊艳

展开画卷，映入眼帘的是第一个场景。只见柳树被微风吹动，洛水波光粼粼，曹植和随从们来到洛水边。

马夫解下马鞍、缰绳，马儿悠闲地就地休息。洛神的身影出现在远处的河水中，她云髻高绾，衣裾飘飘，手里握着莲花瓣状的羽扇缓缓走来。洛神的周围有青山秀水相衬，左有红日，右有飞龙，一对燕子凌空掠过。曹植身着宽大的袍子，站在河边看着远处水面上的洛神，将信将疑，且惊且喜。

第二部分：陈情

第二个画面表现了洛神与曹植互诉衷肠的甜蜜和互道离别时

的痛苦。他们想要靠近，却又不敢触犯神与人不得往来的天条，一再欲行又止。洛神登上六龙云车，乘风而去，渐渐消逝在遥远的云端。这是整幅画卷的最高潮。画卷用人神不共来比喻曹植与甄宓这对有情人难以突破封建礼教，最终不能在一起的残酷现实。

第三部分：偕逝

画卷的最后部分，曹植坐在岸边，神情悲凉，此时洛神也回过头来，两人相互凝望，依依作别。这是画作中最为感人的一段

描绘。

独特高超的绘画技巧

在《洛神赋图》中，顾恺之使用了匀称绵密的长线条，被后人称为"高古游丝描"，意思就是线条如同春蚕吐丝般流畅、连绵、坚韧。因他的线条细长、不见头尾且繁密，所以还被叫作"密体"。以这种线条描摹洛神的衣带，从而让女神的仙动随线条跃然纸上。

连环画般的叙事方式

值得一提的是，在《洛神赋图》这幅画卷中，各部分之间没有明显的分界线，只凭借背景变换来交代故事的时间顺序。主人公在不同场景中多次出现，以不同的神情和姿态来交代情节。这种在同一画幅上运用多幅画面组合，来表现一个完整故事的手法，堪称连环画的鼻祖。这种结构和表现形式，具有开创性的意义。

小链接：

在表现内容、画面布局、人物造型、环境描绘和笔墨线条各方面，《洛神赋图》都有自己的特色。此前文学作品虽有爱情及生活题材内容，但可以传世的绘画作品并不多见，此前的人物绘画多为神仙帝王，题材也多为教化内容。采用连环画形式绘制的卷轴画作品，在传世的作品中更是罕见，《洛神赋图》不愧为中国古代绘画的杰作。

知识拓展

① 洛神：传说伏羲的女儿宓妃，不慎在洛水中溺亡，变成洛水中的仙女，被人们敬奉为洛神。

《步辇图》

【绘制年代】唐代
【作者】阎立本
【规格】绢本、设色，纵38.5厘米，横129厘米
【现状】北京故宫博物院收藏

　　《步辇图》原为唐代著名画家阎立本所作，是"中国古代十大名画"之一，现存版为后世摹本。它以贞观十五年（641年）吐蕃首领松赞干布与文成公主联姻的历史事件为题材，描绘了此前前来求通婚的吐蕃使臣禄东赞朝见唐太宗的场景。

历史背景：用绘画记录历史

　　7世纪，松赞干布统一了吐蕃（今西藏地区），在他的统治下，吐蕃日益强盛起来。松赞干布先后在634年和638年到大唐求亲，但均未能如愿。松赞干布又于640年，派大相（相当于宰相）禄东赞带着友好的诚意和黄金珍宝来到长安，向唐太宗再次提出通婚的请求。当时正逢贞观盛世，各民族间相处得非常友好，以至于当年竟有多个民族首领向唐太宗提出求亲，这让唐太宗很难定夺。最后想出了一个公平竞争的办法，他请几位使臣参加考试，哪家赢了，公主就嫁到哪里。吐蕃使臣禄东赞成绩最好。唐太宗同时也意识到，吐蕃影响着大唐西南边境的安宁，所以就答

应了吐蕃的请求，决定将文成公主嫁给松赞干布。

　　文成公主入藏时，带去了丝织物、典籍，树木、果蔬的种子等一大批中原物资，把中原地区的先进文化和生产技术输入到了青藏高原，促进了藏族经济、文化的发展。松赞干布为了迎娶文成公主，在拉萨修建了规模庞大的宫殿建筑群，也是现在布达拉宫的前身。文成公主远嫁和亲对巩固汉藏两族的团结，发展藏族的经济、文化做出了重要贡献，受到藏族人民的敬仰。布达拉宫法王洞内至今还保存着文成公主和松赞干布的塑像。

作品赏析： 一曲汉藏友好的赞歌

《步辇图》中，图卷右侧是体态魁梧的唐太宗坐在步辇①上，前后簇拥着九个宫女，前面四人，后面五人，有的举晃盖顶，有的执扇，有的抬步辇，各司其职，姿态各异。画面左侧站立三人，前面身穿红袍的是典礼官；中间行拱手礼的是吐蕃使臣禄东赞，他的发型、头饰与中原人的不同；身穿白袍站在后面的是翻译。

从构图上看，左边人少，所以稍拉开人物间距，从视觉上与画面右侧的多人达成平衡。右面人物众多，为了突出重点，以反

《**步辇图**》/silver age提供

衬的手法，将宫女们体形画得娇小来突出相对高大的唐太宗，以敬李世民的至上地位。

色彩上，相对居于画面中间的典礼官身着红袍，这样可以起到聚拢视线的作用。为了平衡和呼应，晃盖顶和宫女的服装也出现了红色。典礼官身着红袍还有现实的表意，那就是大唐与吐蕃和亲的同时，长孙公主的孙女许配给了他。

红色是非常夺眼球的颜色，但这些红色的运用并没有削弱唐太宗的画面感。画家除了将他画得比任何人都高大外，其他人都是站立的，只有唐太宗坐在步辇上。他的服装是用金色渲染的，既符合帝王尊贵的身份，又更加绚烂夺目，只是画面颜色年久失色，失去了往日的华贵。吐蕃使者禄东赞在画面中也是相对主要的角色，所以被画得与众不同。不得不说，画家阎立本有着高度的形象特征概括能力，虽然禄东赞在画面中个子不高，但他的五官面貌、发型服饰、身材体形让人一眼就能识别出他来自西南边陲吐蕃，辨识度很高。

综上所述，无论布局、色彩以及人物的处理，都可以看出画家的精心用意。这幅画不仅有很高的艺术水准，也有当时的政治意义。从一些细节看，传世的《步辇图》是后世摹本。

知识拓展

①辇：辇是古代坐具，有很多种，作品中唐太宗乘坐的辇造型简朴，形似桌案，有四条腿，可随时抬走和放置。

《天王送子图》

【绘制年代】唐代
【作者】吴道子
【规格】手卷，纸本，纵35.5厘米，横338.1厘米
【现状】日本大阪市立美术馆藏（宋摹本）

　　《天王送子图》又名《释迦降生图》，是唐代著名画家吴道子根据佛典《瑞应本起经》所画。净饭王和摩耶夫人感情笃深，但一直都没能如愿有个孩子。待净饭王50岁，摩耶夫人45岁那年，某天夜里摩耶夫人梦见一头白象从她肋下穿入腹中，就此有了身孕。其实是天王派送子官将佛祖释迦牟尼投胎降生到净饭王夫妇家。孩子出生后成为悉达多太子。这幅作品正是描绘了佛祖释迦牟尼降生为悉达多太子后，他的父亲净饭王和母亲摩耶夫人抱着他，去朝拜大自在天神庙时诸神向他礼拜的故事。

历史背景：佛教壁画的本土化

　　在开元、天宝年间，随着经济、文化的昌盛，绘画也迎来了繁荣局面，名师佳作辈出。吴道子①就是活跃在这一时期的代表画家。他不拘泥于传统，而是乐于开创。他早年曾师从张旭、贺知章学习过书法，后改习绘画，所以在绘画创作中特别善于把控笔力来绘制线条，创造了"吴带当风""兰叶描""莼菜条"等画法。他创作了大量世俗化了的宗教壁画，成为宗教人物画坛的

《天王送子图》局部/silver age提供

一代巨匠。

　　《天王送子图》原本是外来宗教题材，但吴道子在画中将人、鬼、神、兽等形象完全中国本土化处理。吴道子的画风对后世的宗教壁画、雕塑都产生了深远影响。

作品赏析：中国化的宗教画

　　《天王送子图》分为三部分，最精彩的是前后两部分。

　　前面第一部分，天王召见送子官。天王抚膝端坐，瑞兽急驰而来，因为跑得太急难以刹住脚步，驭手只好拼命地勒住缰绳。左右画面相对比，一动一静，形成强烈的视觉冲击，紧张而精彩。

　　后一部分是净饭王和摩耶夫人带着悉达多太子前往天神庙，感谢老来得子。净饭王怀抱初生的悉达多太子喜悦前行，王后跟随其后，侍者扛扇殿后，诸神则因知道悉达多太子是日后的佛祖，赶忙跪拜。画面中诸神的张皇与净饭王等人因无知而有的平静和喜悦，形成了鲜明的对比。

　　善于以冲突烘托故事气氛，注重人物神情的描绘，超越形

似、关注神似都是吴道子绘画的特色与精彩之处。

小链接：

兰叶描是由吴道子创造的线条形式，区别于从头到尾一样粗细的线条。线条的中段，根据需要利用笔端的提、顿，形成流线型粗细变化的线条，其状如兰叶而得名。

知识拓展

①吴道子：唐代著名画家，开元、天宝年间是他创作的旺盛期。他擅长画佛道人物壁画，在洛阳、长安两地的寺庙里，曾作佛教壁画300多间，情状各不相同。吴道子所画的鬼神、凡人、山水、花鸟、植物、建筑，皆可谓笔下传神。他对绘画技法的贡献也是杰出的，他创造了依势变化的"莼菜条"和飘逸的"吴带当风"等线形，被后人称为"画圣"。

《捣练①图》

【绘制年代】唐代
【作者】张萱
【规格】绢本、设色，纵37厘米，横147厘米
【现状】美国波士顿美术馆收藏

　　《捣练图》是唐代画家张萱的代表作，也是中国古代仕女画的经典之作。此画以概括的手法艺术地再现了唐代女子"捣练"的场景。

历史背景：盛唐时期女性的生活写真

　　在古代中国，女子的社会地位普遍低于男子。但是，表现男子的艺术作品，似乎大多与情趣和文艺无关，因为中国古代的主流思想是要宣扬男子的勇武和稳重，要以国家兴衰为己任。而那些文艺的、有情趣的艺术作品，则多以女性为主角，这就是在中国古代的艺术作品中从不缺乏女性身影的原因。

小链接：

　　"仕女画"是中国传统绘画的一个类别，是以女子为主角的人物画。唐代是仕女画的兴盛时期，代表画家有张萱、周昉等人。

　　唐代是中国古代文化艺术发展繁荣的时期，当时的绘画兴旺发达，以致在绘画领域发展出了专门以女性为主角的仕女画，大多以女性踏春、梳妆、演乐等为题材。

作品赏析：世俗劳作的升华

　　在实际生活中，捣练的各个工序繁多，而且会在不同的地方操作。张萱作为画师，他的工作就是要如实地画出捣练工作的场景。可如果完全忠于现实，那仅仅是纪实，不是艺术创作。在这幅作品中，画家对真实的生活进行了艺术加工，使平凡的生活有了艺术的观赏性，从而创作了这幅流芳百世的杰作。

《捣练图》/silver age提供

首先张萱用概括的手法选取了捣练、缝纫和熨烫这三个主要的工序，通过对这三个工序的再现，简洁生动地把捣练的全过程予以表现，避免了画面内容的繁复和杂乱。

　　在这幅长卷上，作者共刻画了十二个人物形象，按劳动工序分成捣练、织线和熨烫三个画面——

　　第一个画面描绘四个人以木杵捣练的情景；第二个画面描绘了两个人，一人坐在地毡上理线，一人坐于凳上缝纫，组成了织线的情景；第三个画面是几个人熨烫的场景，还有一个年少的女孩，淘气地在布底下窜来窜去。

　　在《捣练图》中，作者很注重对人物细小动作的描绘，这样更能展示出人物的性格和心理活动。如捣练部分四个妇女的朝向各不相同：左边那位妇女传神的挽袖动态；熨烫部分左侧妇女扯练时微微着力向后仰；中间熨烫妇女专注的神态；几个小孩的穿插，以及扇火小孩因怕热而回头等动作。这些细节的刻画非常真实、生动而富有生活情趣，使互相对称的构图不致呆板。

知识拓展

　　①捣练："捣练"是丝麻、布帛的加工过程。刚刚织成的丝麻、布帛质地坚硬，必须经过沸煮、漂白，再用杵捣，才能变得柔软洁白。

《韩熙载夜宴图》

【绘制年代】五代
【作者】顾闳中
【规格】绢本、设色，纵28.7厘米，横335.5厘米
【现状】北京故宫博物院收藏

《韩熙载夜宴图》是五代画家顾闳中的代表作，也是中国绘画史上的名作。作品以多画面并集于长卷的方式，再现了韩熙载居家宴请宾客的情景。

历史背景：画家给皇帝当"间谍"

韩熙载出身北方豪门望族，他不但擅长诗词书画和音律，而且有着远大的政治抱负。为了避难，他逃到南方，去投奔与他一样工书、擅画、通音律的南唐后主李煜。韩熙载曾任中书舍人、中书侍郎等职务。由于前任中宗兴兵灭闽入楚，耗损了南唐国力，致使到后主李煜统治时期南唐已没有初期的繁盛。当时南北分治，有很多分据的统治势力。特别是北方的后周，势力强盛，对南唐形成很大的威胁。因此，对于从北方来的韩熙载，李煜心情复杂，一方面看中他的能力想委以重任，另一方面又生怕他心存二心不敢重用。当某日听说韩熙载要夜宴宾客，李煜心生疑虑，生怕韩熙载串联众臣密谋篡权。于是他派宫廷画师顾闳中前

往窥探。顾闳中从韩家回来后凭着惊人的记忆力，完成了这幅传世名作《韩熙载夜宴图》。

当李煜打开画一看，见韩熙载纵情声色，戒心一下子减少了许多。而顾闳中心里明白，韩熙载沉湎声色，实际上是想力求自保，掩盖自己的政治雄心，以达到避免受皇帝怀疑和迫害的目的。

作品赏析：乱世中的狂欢

《韩熙载夜宴图》采用长卷的方式将五个不同时间段发生的故事置于同一个画面，并巧妙地用屏风来分割时间和空间。

第一段："听乐"

看，夜宴开始了！侍女刚刚点燃红蜡烛，楠木几案上放满了各色酒菜瓜果。那位坐在榻上戴着黑色峨冠的男子，就是主人公韩熙载。画面左边乐伎李姬怀抱琵琶在演奏。与如今琵琶演奏者不同的是，她拨弦的右手执着一把形如银杏叶的拨子，翻着手腕弹拨演奏。这时，全场的空气似乎凝结了，在座的人或坐或站专心致志地听她演奏。从人们的表情来看，乐曲想必是奏到了极佳

《韩熙载夜宴图》局部/silver age提供

之处，似乎传出了美妙清脆的音符声。离李姬最近搭手斜坐的，是她的哥哥教坊副使李佳明，站在李佳明身边的蓝衣女子是善舞者王屋山；后排站立者从左至右分别是侍女、韩熙载的门生南唐状元舒雅、宠妓和一位官员；围桌而坐的四人依次是紫微朱铣、新科状元郎粲、主人韩熙载和太常博士陈致雍；站在韩熙载身边的是他的一个宠妓。

第二段："观舞"

这时聚会者的情绪达到高潮，纷纷放下官场架子参与娱乐。韩熙载脱去外袍，卷袖执槌与舒雅一起为跳舞的王屋山伴奏，伴随着鼓乐声，身着天蓝色窄袖长裙的舞伎，跳起了当时流行的"六幺舞"。这时，几乎所有的人都在观看歌舞，唯独一位僧人没有正视舞者，他是韩熙载的好友德明和尚，听着耳边的欢歌笑语，表现出尴尬矛盾的心理。

第三段："间息"

午夜将至，略感疲惫的韩熙载和四位女伎围坐在内室榻上休息，一位侍女手捧着水盆侍候。韩熙载一边净手，一边和女伎们交谈。另有两位侍女正在准备乐器，添换茶酒。这是当晚夜宴的

小链接：羯鼓、"六幺舞"

羯鼓，是中国古代的一种乐器，相传起源于少数民族。由于用公羊皮做鼓皮，因此叫作羯鼓。它的腰部很细，鼓敲响时，声音急促、激烈、响亮，尤其适用于演奏快节奏的乐曲，可以在战场上用于战鼓，为战士搏击助威。同时，羯鼓也可在高楼上玩赏风景时演奏，时值明月清风，鼓声凌空可以传得很远。

"六幺"，创始于唐代，盛行于唐、宋、元三代的艺术形式，有"六幺曲""六幺舞""六幺文学"。据说是因曲子节拍短促、文字每句不超过六个字而得名。

画面中所绘的"六幺舞"又称绿腰舞，舞者穿窄袖长裙，以舞动手臂和腰肢、踏足为舞蹈重点。特别是画面中表现的以节拍伴奏为主的情节，佐证了"六幺舞"节奏感强的特点。在音乐舞蹈界，《韩熙载夜宴图》是研究"六幺"艺术的重要依据。

间歇，整体气氛舒缓放松。

第四段："赏月"

此时的韩熙载换上了白色便服，悠然地盘坐在椅子上，轻摇着绢扇，神情闲散雅逸。在他身边，有三位侍女服侍着，五位乐伎排成一列吹奏箫笛，各自有着不同的动态，画面中似乎弥漫着清澈悦耳的音乐。画面中没有其他宾客，这也隐喻着韩熙载内心知音难觅的孤独感。

《韩熙载夜宴图》局部/silver age提供

第五段："散宴"

曲终、舞尽。夜深了，客人们也要各自散去了。宾客们意犹未尽，有的和女伎一诉衷肠，有的则拥着女伎悄声说话。韩熙载又穿上黄衫，拿起鼓槌，端立在正中，默默地凝视着。整幅画卷交织着热烈而冷清、缠绵又沉郁的氛围，在醉生梦死的及时行乐中，隐含着韩熙载对生活的失望；而这种心情，反过来又加强了他对生活的执着和向往。

绘制这幅作品时，顾闳中正处于学养、技术的巅峰时期。他用笔线条圆畅，转折方劲；设色艳而不俗，沉着雅丽。布局构图长而不散，左边画幅的人物大多面向右，眼神也向右；右边的人物大多面朝左，眼神也朝左，从而使长卷左右有了呼应。五个段落间虽有屏风作间隔，但画家显示了娴熟的构图和绘画技巧，通过对人物的位置、情节、动态的刻画，使得五个段落隔而不断，让长卷看起来是一个完美的整体。

《清明上河图》

【绘制年代】北宋
【作者】张择端
【规格】缣绢本、工笔淡设色，纵24.8厘米，横528厘米
【现状】北京故宫博物院藏

　　《清明上河图》，"中国十大传世名画"之一，是北宋画家张择端的代表作。画作以俯瞰的视角、写实的手法淋漓尽致地表现北宋都城汴京舟船往复，飞虹卧波，店铺林立，人烟稠密的繁华景象和丰富的社会生活习俗风情，可谓是北宋都城社会生活的手绘版写真。

历史背景：开卷睹盛世

　　此画作于徽宗年间。当时作为都城的汴京（今河南开封），水陆交错四通八达，是全国重要的水陆交通枢纽，也是全国政治、文化、商业中心，聚居人口过百万，繁荣昌盛。汴京城中有许多热闹的街市，街市开设有各种店铺，甚至出现了夜市。逢年过节，京城更是热闹非凡。相传宋徽宗曾作画《梦游华城图》描绘天上仙境，后命张择端画一幅相对应的市井盛世，以示天上凡间一派祥和太平。于是翰林张择端离开宫廷画院，居住于市井民间，日日勤于观察，终于成就了《清明上河图》。

作品赏析： 人在画中游

1.作品内容。

长卷从右至左描绘了从城外到城内的景象，全卷分为郊野、汴河、街市三段。

首段：汴京郊野风光

疏林薄雾中，掩映着几家茅舍、草桥、流水、老树和扁舟。两个脚夫赶着五匹驮炭的毛驴，向都城悠然走来。沿途的一片柳林，枝头刚刚泛出嫩绿，使人感到虽是春寒料峭，却已大地回春。路上有一顶轿子，内坐一位妇人。轿顶装饰着杨柳杂花，轿后跟随着骑马的、挑担的，从京郊踏青、扫墓归来。环境和人物的描写，点出了清明时节的特定时间和风俗，为全画展开了序幕。

中段：繁忙的汴河码头

画面的中段是绘画的中心点，颇具观赏性和故事性。汴河是北宋的国家漕运枢纽，商业交通要道，从画面上可以看到人烟稠密、粮船云集。人们有的在茶馆歇息；有的在看相算命；有的在食肆进餐；还有家"王家纸马店"，一看便知是卖扫墓祭品的。河里往来的船只首尾相接，或由纤夫牵拉，或由船夫摇橹。船上有的人满载货物，逆流而上，有的人则靠岸停泊，正紧张地卸货。

横跨汴河上的是一座规模宏大的木质拱桥，它结构精巧，形式优美，宛如飞虹，故名"虹桥"。有一艘大船正要过桥，船由于太大所以要多方协力才能通过。只见桅杆已经放下，众船夫通力协作，有的撑着船篙、有的勾住桥梁借力、有的摇橹；邻船的人也在帮忙出着主意；岸上的人们除了观看，更有从桥上放绳助

小链接：

    关于《清明上河图》中"清明"和"上河"的确切含义至今尚未有统一定论。关于"清明"的说法有三种分歧，有的说指清明节，有的说指清明坊，还有的说是徽宗自比东汉光武帝时期，指北宋为清明盛世。关于"上河"的说法更多，有汴河上游说，御河说，逆水行舟说，上坟说及上街赶集说等。

力的。只见船上船下、桥上岸边，好不热闹。

《清明上河图》/silver age提供

　　这里就是闻名遐迩的虹桥码头区，车水马龙，熙熙攘攘，是名副其实的水路交通汇合点。

　　后段：热闹的市井街区

　　只见街上茶馆、脚店、肉铺、庙宇等建筑鳞次栉比，门牌匾额、生意幡幌不因细小而画得马虎，绫罗绸缎、珠宝香料、香火纸马、医药门诊、大车修理、看相算命、修面整容，五行八作无所不有，交通工具更是多种多样，有骆驼、小驴、牛、马、人力车轿，等等。街上的行人更是熙来攘往，有叫卖的小贩、招揽生意的店小二、背背篓的行脚僧、骑马的官吏、问路的行人。再看室内，也是形形色色，有喝茶歇息的、有说书听书的、有在酒楼聚会的，正是各行其是。

2. 艺术特色。

作者采用俯视散点透视法进行绘制。每段中心点用一事件来聚拢画面人物，整体又以中间的船过虹桥为高潮，使得长卷前后贯畅，长而不散，人物、内容多而不乱。

在技法上，大手笔与精细的手笔相结合。在五米多长的画卷里，作者绘有众多各色人物（画中人数，说法不一，白寿彝《中国通史》记有500余人、汤友常数米法计815人、齐藤谦《拙堂文话·卷八》记为1 695人）及牛、骡、马等几十头牲口，当时常见形制车、轿，大小船只等。作者在绘制如此庞杂的形象时，体现了高超的绘画技巧，既有恢宏的整体结构，又有让人叹为观止的细节刻画，比如船只上的物件、钉铆方式，甚至连结绳系扣都绘制得一丝不苟。

作品流传： 历经千年风雨

张择端在完成这幅歌颂太平盛世的历史长卷后，首先将它呈现给了宋徽宗。宋徽宗因此成为这幅画的第一位收藏者。宋徽宗酷爱此画，用他著名的"瘦金体"书法亲笔在画上题写了《清明上河图》五个字，并盖上了双龙小印。这件享誉古今的传世之作，在此后的800年时间里，成为后世帝王权贵巧取豪夺的目标。它曾五次进入皇宫，四次被盗出宫，辗转飘零，历经劫难。

《富春山居图》

【绘制年代】元代
【作者】黄公望
【规格】纸本，水墨，前半卷《富春山居图·剩山图》
　　　　纵31.8厘米，横51.4厘米；后半卷《富春山居
　　　　图·无用师卷》纵33厘米，横636.9厘米
【现状】前半卷《富春山居图·剩山图》由浙江省博物馆收藏
　　　　后半卷《富春山居图·无用师卷》由台北故宫博物院收藏

　　《富春山居图》是"中国十大传世名画"之一，是"元四家之首"的黄公望于晚年创作的大型水墨山水画，描绘的是富春江两岸初秋时节的景色。

历史背景：黄公望的山水情结

　　晚年时，黄公望一直定居在浙江富阳，钟情于描摹富春江两岸的景色。黄公望的同门师弟无用（郑樗）十分喜欢黄公望的画风，向他求画。至正七年（1347年）时年已经78岁的黄公望欣然应允。黄公望是个认真的人，无论小品、大作，他从不闭门臆造，总是随身带着纸墨，遇到好景，随时写生记录，回来再提炼成画。为了完成对无用的允诺，黄公望每天行走于富春江两岸，观察景色，体验心绪，直到至正十年（1350年）黄公望81岁才完成长卷《富春山居图》。

《富春山居图》/silver age提供

作品赏析：入山幽致叹无穷

《富春山居图》以长卷的方式描绘了富春江水与两岸的座座山峰相依相谐的景象。开篇貌似作者站在岸边一座小山上俯瞰远望，视角高，且视野开阔，远山近峰、阔水高林尽收眼底。随后作者巧妙地引领观者随他漫步下山，仰望高山、凭眺疏林，观小村鸡犬争鸣，赏渔舟点点凌波。此卷赋淡淡赭彩，首创"浅绛法"。

作品流传：《富春山居图》的前世今生
宝画被偷走

朝代更迭，岁月荏苒，《富春山居图》几经流转，命运多舛。到明成化年间，此画流转到沈周手中。沈周得到此画，视为珍宝，挂在墙上，日日细细欣赏、静静揣摩，并尝试临摹。因画上没有名人题跋，沈周便请朋友题跋。不料，朋友的儿子心生贪念，私下把画偷偷卖了，还向沈周谎称画被偷了。某日，沈周在

《富春山居图·剩山图》局部/silver age提供

画摊上又见到了《富春山居图》，兴冲冲地回家取钱买画。可当他筹集到钱，返回画摊时，画已经被人买走了，沈周懊恼不已，魂牵梦萦的《富春山居图》，不知此生是否还能得见。因思念太甚，沈周凭借着记忆，背摹了一幅《富春山居图》以慰情思。沈周摹本现藏于故宫博物院。

画作被焚为两截

多年后，《富春山居图》被明代书画家董其昌收藏。待晚年，董其昌将《富春山居图》卖给吴洪裕的祖父吴正志。后来吴洪裕继承得到《富春山居图》，爱不释手。吴洪裕晚年临终时，因难舍《富春山居图》，想效仿唐太宗把画带到来生。就在画即将付之一炬的危急时刻，吴洪裕的侄子吴静庵将投入火中的画救了出来。但是，救下的画作已被烧出连珠洞，断为一长一短两段，从此，《富春山居图》一分为二。长段部分被称为《富春山居图·无用师卷》（现藏于台北故宫博物院），短段部分称为《剩山图》（现藏于浙江省博物馆）。

乾隆皇帝摆乌龙

1745年，乾隆皇帝得到一幅《富春山居图》，怎么看怎么喜欢，不仅加盖玉玺，还在长卷的留白处赋诗题词。

第二年，《富春山居图·无用师卷》入宫，乾隆一口咬定《富春山居图·无用师卷》是赝品，但心里又对这幅"赝品"恋恋不舍。要知道，如果乾隆承认《富春山居图·无用师卷》是真迹，那就意味着前一幅是假的，这有损皇帝的颜面和尊严。于是乾隆皇帝以这幅画虽不是真迹但画得不错为由，给自己找台阶下，将这幅《富春山居图·无用师卷》花高价买下。为此，乾隆还特意请大臣来，在两卷《富春山居图》上题跋留念。大臣们无一例外地歌颂了皇帝热爱艺术、不拘泥真伪的广阔胸怀，可谁也不敢点破——这幅画本来就是真迹。

台湾、大陆遥相望

1948年，《富春山居图·无用师卷》被运至台湾，收藏于台北故宫博物院。

《富春山居图·无用师卷》局部/silver age提供

  前半卷《富春山居图·剩山图》在抗日战争时期，流落到近代画家吴湖帆手中。1956年，《富春山居图·剩山图》被送到浙江省博物馆，成为镇馆之宝。

  2011年6月1日，在两岸同胞的共同努力下，《富春山居图·剩山图》和《富春山居图·无用师卷》在台北合璧展出，传为一段艺术史佳话。

2011年，《富春山居图·剩山图》和《富春山居图·无用师卷》
在台北合璧展出/silver age提供

《王蜀宫妓图》

【绘制年代】 明代
【作者】 唐寅
【规格】 图轴，绢本，设色，纵124.7厘米，横63.6厘米
【现状】 藏于北京故宫博物院

《王蜀宫妓图》俗称《四美图》，为明代著名画家唐寅所作，通过描绘宫妓来揭示五代前蜀后主王衍沉溺美色、疏于朝政的荒淫生活。

历史背景：前蜀后主荒淫无度

五代前蜀最后一个皇帝王衍荒淫无度，他整天不理朝政，跟一帮宠臣花天酒地。他还喜欢光顾花街柳巷，为了不被人认出来，就下令叫全国百姓都戴帽子，把头遮起来。当后唐的军队打进来时，王衍还在饮酒作乐，结果可想而知。后来，他被后唐的庄宗灭了族。在这幅画的自题中唐寅也提到了王衍的荒淫无度："莲花冠子道人衣，日侍君王宴紫微。花柳不知人已去，年年斗绿与争绯。蜀后主每于宫中裹小巾，命宫妓衣道衣，冠莲花冠，日寻花柳以侍酣宴。蜀之谣已溢耳矣，而主之不摒注之，竟至滥觞。俾后想摇头之令，不无扼腕。"

在这幅画的提款中，唐寅也提到了这些事情。

他经常命宫女们戴莲花冠，穿道士衣服，脸颊上施脂粉，好

像喝醉了一般，叫作"醉妆"。王衍还自作《甘州曲》歌，形容这些宫妓的妩媚之态。

　　唐寅创作这幅画的目的，就是揭示前蜀后主王衍荒淫无度的生活，具有鲜明的讽喻之意，让我们在欣赏那些娇艳美貌的女子时，也平添了对这些无辜的且被历史遗忘的宫女们的同情。

作品赏析：工笔重彩画仕女

　　在《王蜀宫妓图》中，唐寅采用工笔重彩画法，色彩浓醇。画中四个盛装的宫妓正在等待君王召唤侍奉。面对画面的两个女子在聊天，背着身体的女子一个端着盛物托盘，一个貌似在给蓝衣女子倒茶。她们头戴各式花冠，身着彩饰道衣，脸上涂抹着脂粉，体貌丰润却不失娟秀，神态端庄而又娇媚。

色彩鲜明

　　在《王蜀宫妓图》中，四位交错而立的宫妓，近处的背向者穿淡黄色长衣，和她们相对的二人则穿颜色较深的花青色大衣，色彩上形成了强烈对比，起到醒目的艺术效果。除了浓淡、冷暖色彩的对比，又有相近色泽的巧妙过渡和搭配，使整体色调丰富而又和谐，浓艳中兼具清雅，形成了生动的视觉效果。

小链接：

　　在《王蜀宫妓图》中，唐寅在人物的脸部使用了"三白"法，就是在女子面部的额头、鼻子和下颌三处涂上白粉，这是唐代仕女画中，表现脸部立体感的一种技法。

《王蜀宫妓图》/silver age提供

用笔细致

《王蜀宫妓图》还显示出唐寅在用笔上的高超技艺。在他的笔下，宫妓们体态匀称优美，有瘦削的肩膀，纤细的腰背，像柳叶一样的眉毛和樱桃一样的嘴唇，这些都体现出明代追求女性清秀娟美的审美风尚，也是唐寅笔下"唐氏美人"的典型特征。

另外在宫妓的头冠和衣纹的描绘上，唐寅体现出极其深厚精细的运笔功力。宫妓们的衣纹如根根琴弦，细劲流畅，富有弹性和质感。

构图巧妙

一般来讲，四个站立的人物较难布局，容易流于呆板。而在塑造古代妇女时，形体姿态又不能太夸张，所以在构图上更是考验画家的功力。在《王蜀宫妓图》中，唐寅通过人物头部的微侧、倒茶而微微的前倾、众人手臂的交错等细节，打破了直立的呆板。而通过这些细节的刻画，使画面变得富有活力和戏剧性。

小链接：

元代统治结束后，明代百姓的服饰也恢复了汉族款式。明代女子的服装及饰物大多沿袭唐宋款式。主要服装有衫、袄、霞帔、褙子、比甲、水田衣及裙子等类型。妇女的服装有礼服和常服之分。礼服是出席比较正式的场合时穿的衣服，以霞帔、大袖衫及褙子组成，以颜色、纹样配合来区别等级；常服则是在日常生活中穿着方便的服装，以长袄、长裙等组成。

第三章 建筑

由于中国自古以来所辖疆域非常辽阔，以至于各地地貌、气候、物产、宗教、人文风俗等差异很大。也正因此，中国每个地区基本都形成了其特有的建筑文化和艺术。细数民居、宫廷、园林、陵寝、军事和水利工程等许多古代建筑设施，都惊人地杰出。中国古代建筑艺术对日本、朝鲜、越南等亚洲国家的建筑，产生了深刻且深远的影响。

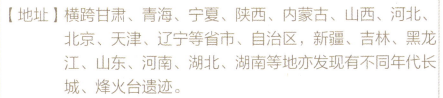

万里长城

【建造年代】始于战国时期，后历经秦代、汉代、
　　　　　明代等朝增建或修整
【规模】历代长城总长度为21 196.18千米
【地址】横跨甘肃、青海、宁夏、陕西、内蒙古、山西、河北、
　　　　北京、天津、辽宁等省市、自治区，新疆、吉林、黑龙
　　　　江、山东、河南、湖北、湖南等地亦发现有不同年代长
　　　　城、烽火台遗迹。

连接完整、位于中国北方的长城东起山海关，西至嘉峪关，抵挡了多少次外族的侵袭，融入了多少人的血与泪，有谁能知晓？它也因规模宏伟被称为世界建筑史上的"七大奇迹"之一。

历史背景： 万里长城今犹在

万里长城位于中国北方，东起山海关，西至嘉峪关，绵延起伏，气势雄伟，是中华民族伟大力量与智慧的结晶，也被称为世界建筑史上的"七大奇迹"之一。据2012年6月国家文物局公布的调查，认定历代长城总长度为21 196.18千米，分布在包括北京在内的全国15个省市。

长城的修筑可以追溯到战国时期。当时中原分裂为七个诸侯国，战火连年不休。为抵御外敌，楚国修筑了第一道护国城墙。自此，各国诸侯纷纷效仿修筑各自的城墙。北部的燕、赵、秦三国常受到北方游牧民族侵扰，所以都尤其注重北面城墙的修筑。三国北面的城墙虽不相连，但绵延起来相当可观，被称为"先秦长城"。

秦统一六国之后，秦始皇重点抓的几件事之一就是派大将蒙恬北伐匈奴，并将各国以往修建的长城连接起来，形成西起临洮、东抵辽东的长城，因绵延万里，所以被称为"万里长城"。

小链接：

《孟姜女哭长城》是中国家喻户晓的民间故事。相传秦始皇统治时期，青年男女范喜良、孟姜女新婚才三天，新郎就被征去修筑长城，不久因饥寒劳累而死，尸骨被埋在长城墙下。孟姜女身背御寒衣，历尽艰辛，万里寻夫来到长城边，得到的却是丈夫的噩耗。她在城下痛哭，三日三夜不止，这段长城就此坍塌，露出范喜良的尸骸，孟姜女于绝望之中投海而死。

万里长城/silver age提供

小链接：

　　自战国初有长城雏形起直到明代，长城的修筑时间跨越了2 000多年。其中，秦、汉、明三个朝代所修筑的长城总长度都超过了5 000千米，而若将各个历史时期所修筑的长城的总长度加起来，超过5万千米。而若用修建长城的所有土方砖石修筑一道5米高、1米厚的大墙足以环绕地球赤道一周。这是世界上修建时间最长、规模最大的建筑工程。明代以前修筑的长城多是夯土而成，外面不包城砖，经过风吹雨打，多已残缺不全。明代修建时开始外包墙砖，因此现存比较完整的长城是明长城。

建筑赏析：巍巍长城万里长

城墙

长城的主体工程是绵延万里的高大城墙，大都建在山岭的最高处，沿着山脊把蜿蜒无尽的山势勾画出清晰的轮廓，远远看去好像一条蜿蜒伸展欲刺苍穹的长龙，成为中华民族的象征。

那绵延无尽的城墙上分布着雄关、隘口百余座，烽火台上万座，这些设施不仅有传递信息和守卫中土之地的实用功能，其结构严巧、工艺精绝也为长城增添了无尽的艺术魅力。

城墙作为长城的主体部分，出于抵御侵犯的目的，多沿山建于高岭之上和平原要隘处。由于工程浩大，不宜远距离运送材料修建，于是长城采用就地取材的方式修建。有夯土、块石、片石、砖石甚至还有红柳枝条、芦苇与砂粒等作为基本建造素材。但不同的材质叠加混合并未影响城墙的整体形制，这些高大的城墙均在七八米的高度，整体厚度保持底部六七米，高处四五米。而在城墙顶内侧，还建有一米多高的宇墙，用以防止巡逻士兵在夜间行走时不慎失足；墙顶外侧2米高的垛口墙上，上有瞭望口，下有射洞和礌石孔，用以瞭望敌情并在双方交战时可以居高临下地利用有利地形和便利设施来射击、投石击敌。

小链接：

纵观各地长城景观，尤数北京的八达岭长城最为雄阔壮观。其墙体十分坚固且是中国当今保存状况最为完好的一段长城。除此之外，慕田峪长城、司马台长城、古北口长城以及河北山海关、甘肃嘉峪关等也都是观赏长城的好去处。

山海关

关城

关城的主要功能是防御，一般选择在有利于防守的位置修建，这样有助于在战时能以少量的兵力来抵挡大量敌军的入侵。古时的"一夫当关，万夫莫开"形象地说明了长城上关城的功能、作用和重要性。关城在长城上设置得很多，其中著名的有山海关、黄崖关、居庸关、紫荆关、倒马关、平型关、雁门关、偏关、嘉峪关以及汉代的阳关、玉门关等。

烽火台

烽火台在古时候用于传递敌情信息，大多建造在长城地势相对较高的地方。由于古时候没有像现在电脑、电话这样便捷的通讯工具，所有的信息都要靠书信等形式传递。当时就算是骑着最快的骏马，从最远的边城跑到当时的皇城，至少也需要几天的时间，而战事的攻守争夺却要争分夺秒。烽火台便起到了能在短时间内传达消息的作用。在发现敌情时，士兵在烽火台上白天放烟，夜晚点烽火，相邻烽火台上的士兵见状，马上会跟着放烟或点火，如此传递，情报很快就能传遍长城各处，组织兵力御敌，

烽火台/卞志武摄

同时京城也能及时得到消息。

为了报告敌兵来犯的多少，古人还采用以放烟、点火数目的多少来加以区别。到了明代，士兵还在放烟和点火的同时加放炮，以增强报警的效果，使军情传递顷刻千里。

由于烽火台有如此重要的作用，所以它理应位于城墙上显眼的位置，并且几个相邻不远的烽火台还要做到能互相望见，以便于看到烽火信号的人能够及时作出应变、判断和传递。而它除了传递军情之外，还保护来往使节安全，提供食宿、供应马匹、粮秣等服务。

苏州园林

【建造年代】从春秋时期至清代
【规格】现保存完整的有60余处，对外开放19处
【地址】江苏省苏州市城内外

苏州园林现已被列入《世界遗产名录》，它是指位于江苏省苏州市城内外的古典园林建筑。这些园林大都由私人建造和管理，有着浓郁的水乡气息。往往在有限的面积中通过掩映、曲折、高低落差等手法达到"咫尺之内见乾坤"的效果。

历史背景： 苏州园林甲江南

私家园林，最早被记载的是晋时顾辟疆修建的辟疆园。明清时期，苏州因名人雅士、富商巨贾云集，是中国最繁华的地区之一。在此修建私家园林成为一时风尚。清末时，古城内外有大大小小私人园林170多座，这些园林让苏州有了"人间天堂"的美誉。

苏州园林的产生和发展，和苏州的自然条件与人文条件分不开。

苏州位于长江三角洲中部，西面太湖，北面长江，水源丰沛，为修建园林造人工湖提供了便利的引水条件；苏州属亚热带季风海洋性气候，四季分明，利于植物生长，园林中所需的绿色植物俯拾皆是；太湖地区还出产质地、造型独特美观的太湖石，极其适合在园林中堆垒玲珑精巧的假山。

苏州水乡的风景/卞志武摄

　　因其得天独厚的自然条件，自公元前6世纪成为吴国都城后，苏州一直是各朝各代备受重视的地区，促成此地文化、经济共同发展，日益昌盛，吸引汇聚了各类人才。诗情画意的自然条件配以发达的文化、经济基础，使得这里的人个个拥有文化艺术的底蕴。苏州不乏各类人才，包括建筑、绘画、工艺美术和园艺种植等能工巧匠，这些人都跟园林建造相关，从而给园林发展提供了得天独厚的条件。

> **小链接：**
>
> 　　中国园林大致可分为北方园林和南方园林。皇家园林是北方园林的代表。北方地势开阔，园林占地面积相对较大，园林内视野开阔，造园时吸收南方园林和北方四合院的特色，将两者进行了巧妙的结合。而南方园林则是将有限的面积极尽设计，通过叠石、理水、修木等手法达到以小见大。

建筑赏析："四大名园"各有千秋

苏州园林称南方园林之最，不仅仅因为其数量多且集中，更重要的是苏州的这些园林兼有绘画的意趣和诗词的意境。行走其间，移步换景，人如在画中游。

苏州园林的沧浪亭、狮子林、拙政园和留园分别展现了宋、元、明、清四个朝代的审美风尚，代表了四个朝代的造园特色，因而被称为苏州"四大名园"。

拙政园

在苏州园林中最负盛名的拙政园，是苏州园林中占地面积最大的，因地随形制宜，在天然野趣中以建筑和整体设计求典雅，与北京圆明园、承德避暑山庄、苏州留园一起于1961年入选全国重点文物保护单位，后被并称为中国四大园林。

全园三分之一的面积为水。建园时以水围池，挖池土为丘为

山。非水部分植树栽花，花草繁茂，植物品种较多，尤以荷花、杜鹃、山茶为胜，早期三分之二的园景都是以花木命名的。亭台楼阁、游廊画舫错落有致，建筑形式丰富。全园大致可分为东、中、西三部分，各具特色。

狮子林

狮子林里并非有珍奇走兽，而是布满了各式的假山，仿若姿态各异嬉戏玩耍的狮子，从而得名，因假山数量多，又被称为"假山王国"。廊亭环绕着假山群，楼台亭阁掩映其中若隐若现，看似咫尺可及，行走其间却曲折不达。假山堆叠，在平地仰看，错峰迭嶂；依山洞攀爬，洞套洞、洞连洞；豁然登顶俯视，峭石陡坡，恍若身入崇山峻岭。走进狮子林，宛若置身迷宫，因有趣而不觉疲劳。

沧浪亭

沧浪亭虽被称为亭，却是苏州四大园林中最古老的一座园林，始建于宋代。其园林结构与常规的园林景观有很大区别。园外三面环水，园内景观皆以山石为主，进门便可看到一座不高的土山，山上立着的一座亭子便是沧浪亭。根据园内有山、园外有水的特点，这里建造了长长的内外两道长廊，即复廊，沧浪亭的主体建筑都由复廊相连，并利用复廊的漏窗内外借景达到山水相依、刚柔并济的效果。全园有漏窗上百，却没有相同的款式。此外，园中还建有五百名贤祠、看山楼、翠玲珑馆、仰止亭和御碑亭等，与主体建筑明道堂相衬。布局简约巧妙，堪称佳作。

留园

留园建于清代，是苏州四大园林中修建得最晚的一座。此时，园林修造从设计到技术已经非常成熟，所以留园汲取前三家所长，根据所处自然条件将园林艺术及功能发挥得淋漓尽致。在理水、叠石、梳木、营造几方面驾轻就熟。全园分为中、东、西、北四个景区，各有所长。中部以山水为主体，池水清冽，丘陵高耸；东部主要是建筑院落，廊亭环绕，楼阁耸立；西部土石相间，假山峨峨；北部有500多个盆景，名品云集。留园不仅是园林，还是住宅、祠堂。其建筑不仅建造得精心且结构布局出

彩，充分运用空间高低、大小和明暗对比，采用曲直、收放等手
法，使整体建筑实用、审美相得益彰，成为世界各地争相借鉴学
习的建筑空间处理范本。

留园/卞志武摄

秦始皇①陵

【建造年代】秦代
【规格】总面积56.25平方千米，内城周长3 840米，
　　　　外城周长6 210米；
【地址】陕西省西安市以东30千米临潼区骊山北麓

秦始皇作为中国历史上第一位皇帝，拥有世界上规模庞大、构造奇特、内涵丰富的陵墓——秦始皇陵，它被国际友人誉为"世界第八大奇迹"。

历史背景：中国第一个皇帝陵园

秦始皇嬴政自13岁（公元前247年）即位起，就开始为自己在骊山修建陵墓。直到公元前208年秦末农民起义，秦朝危在旦夕时，才由他的儿子秦二世草草完工。修建这个宏大的陵墓一共花了39年，消耗了秦始皇的大半生，也耗尽了全国72万多人的体力和精力，动用人口最多时，接近80万人！这几乎相当于古埃及修建胡夫金字塔时人数的8倍。不仅参与修建的人数多，设计与监理人的级别也很高，据说陵墓设计者是当时的丞相李斯，修建陵墓的监工是大将军章邯。

秦始皇画像/silver age提供

建筑赏析："事死如事生"的皇陵

秦始皇陵大体仿照秦国在咸阳的都城布局而建造，说明秦始皇希望自己死后能延续在人世间的生活，无论是物质生活还是权利统治的方式。这个庞大的皇陵纵观其整体，可以看到一个明显的回字形结构，从外向里依次为外城之外、外城、内城及其核心部分地宫四个层次。

秦始皇的陵冢在秦始皇陵的核心——地宫中。秦始皇执着地希望自己死后能继续做皇帝，因此这里宽敞、豪华、完备、机巧、缜密。《史记·秦始皇本纪》曾对位于内城南半部封土下的地宫有过这样的记载："穿三泉，下铜而致椁，宫观百官奇器珍怪徙臧满之。令匠作机弩矢，有所穿近者辄射之。以水银为百川江河大海，机相灌输，上具天文，下具地理。以人鱼膏为烛，度

不灭者久之。"地宫深挖，中心点距地面30多米，用铜汁浇筑加固，修建宫殿，棺椁周围排布百官位列和奇珍异宝；地上挖掘蜿蜒沟渠灌注水银以代表地面的江河涌动，墓内顶镶嵌明珠、宝石象征天体星辰；墓内点着鲸鱼油制成的"长明灯"；还让工匠设计安装了箭弩装置，御防盗墓者。

在陵墓内城与外城间，考古人员发掘整理出一系列大大小小的陪葬坑400多座。有葬马坑、陶俑坑、珍禽异兽坑，甚至还有陵外的人殉坑、马厩坑、刑徒坑和修陵人员的墓室等。

秦始皇陵内出土的众多珍贵文物展现了当时科技艺术的最高水平，兵马俑、铜车马、青铜水禽、石铠甲、百戏俑等堪称佳品。这些文物不仅具有观赏价值，同时还为后人研究秦代政治、军事、经济、文化等领域，提供了大量可参考依据。

彩绘铜车马/silver age提供

彩绘铜车马

1980年，秦始皇陵西侧不远处出土了高车和安车。这是中国迄今为止所见制作最逼真精细、装饰最华美的两驾彩绘铜车马，也是目前所见尺寸最大的古代青铜器，因此被誉为"青铜之冠"。

这两驾铜车马，高车载有武器在前，应是开道护卫车。安车装有带窗的车厢随后，应是秦始皇乘坐的专车。两驾铜车马尺寸为实物的一半，用青铜制造，并施以蓝、黄、绿三色为主的彩绘，上面还附有大量的金银饰物，工艺精湛、逼真。

当时的工匠们竟把秦始皇生前巡驾所用的交通工具，惟妙惟肖地按一定比例进行复刻，以便在他死后可以在冥界继续乘坐，让后人不能不惊叹其技艺的高超。

青铜鹤

2000年，秦始皇陵还出土了一只形态逼真、造型生动的青铜仙鹤。其高度为77.5厘米，前后长112厘米，宽18厘米。仙鹤的神情灵动，表现的恰是它在水中刚刚觅到鱼虾，喙部出水的那

一瞬间的神态，仿佛喙尖还带着些许清水。这种以青铜鹤为代表的水禽类青铜陪葬品，代表着宫廷的苑囿生活。

兵马俑坑

兵马俑坑是位于秦始皇陵东侧约1 500米的陪葬坑。由当地农民在1974年打井时发现。现已发掘3座兵马俑坑。俑坑坐西向东，呈"品"字形排列，坑内有陶俑、陶马8 000多件及4万多件青铜兵器。

知识拓展

①秦始皇：嬴政（前259—前210），中国古代杰出的政治家、军事家、改革家。他是中国历史上第一个将华夏诸小国统一成一体，建立多民族中央集权制国家的人，他取用三皇五帝中"皇""帝"二字，合二为一，来命名国家最高领导职位名称。因他所建成的统一国家为秦国，他第一个使用"皇帝"称号，所以被称为"秦始皇"。他在全国范围内推行郡县制，并统一了律法、货币、度量衡、文字等。

赵州桥

【建造年代】隋代
【规　格】全长50.82米，宽9.6米，跨度37.02米
【地　址】位于河北省赵县洨河上

相信你一定听过一首叫作《小放牛》的歌曲，里面那些问答唱的正是赵州桥。赵州桥又名安济桥，现坐落于河北省赵县的洨河上。1961年，因其为当今世界上现存最早、保存最完善的古代敞肩石拱桥，被国务院列为第一批全国重点文物保护单位。

历史背景：建筑史上的千古绝唱

赵州桥位于河北省赵县洨河上，它是一座大跨度单孔敞肩坦弧石拱桥，由隋代的石匠李春设计和参加建造，迄今为止已有约1 400年的历史。由于这座桥的设计和构思十分精巧，乃至于有些奇巧的结构仍被模仿用于现今桥梁的修建。

在建筑设计上，赵州桥的创新令人惊叹，主要体现在三个方面：

1.“券”小于半圆。

> **小链接：**
>
> 弧形的桥洞、门洞之类的建筑形式在中国被称为“券”。一般石桥的“券”大都是半圆形。

李春对"券"的设计十分巧妙。由于赵州桥跨度很大，若将"券"修成常规的半圆形，那么桥洞最高处就会很高。这样一来，车马行人过桥，就像越过一座小山，会非常费劲。

于是李春在设计桥洞时将赵州桥的"券"做成小于半圆的一段弧形，使之高度与桥的跨度比例为1:5 。这样不仅使整个桥身看起来十分美观，而且使人和车马过桥变得省力，同时也节省了建桥材料和人工。

他所设计的桥面共分三股道路，中间是供车马走的道路，两侧则留给行人通行，这样各行其道就会井然有序，减少了交通事故的发生。

2. "撞"空而不实。

小链接：

人们把"券"的两肩叫作"撞"。赵州桥的"撞"跟其他桥不一样，其他桥的"撞"一般都是用与桥相同的材料做成实心的，而李春却在赵州桥"券"的两肩，各做了两个弧形的通透小"券"。这样不仅使桥体看起来均衡、精巧，还节约了建筑材料。同时遇洨河涨水时，一部分河水可以从小券流过，减少了水流对桥的冲击，让整座桥更为安全。这种拱上加拱的"敞肩拱"的新式桥型，是李春在世界上的首创，是中国古代劳动人民智慧的结晶。

赵州桥上的雕刻艺术/silver age提供

3. 洞砌并列式。

赵州桥由李春亲自督建，他借鉴木工的卯榫工艺，指挥工匠在石料表面凿上细密的斜纹，让石块可以借助纹理的交错，相互紧密地咬合。桥拱券由28条并列的石条拱券纵向并列组成。这样可以使每条石拱券各自独立负荷载重，又便于修缮。为了加强各拱券的连接，他又用9道铁梁贯于拱背之上，接着用腰铁嵌入拱石之间，使桥能"奇巧固护，用于天下"。

李春选用的石料和石料砌法技艺与众不同。他采用长条形石料，每块重约1吨，在1 350多年前的隋代，在没有起重机和吊车的情况下，吊运这么重的石料是何等的艰辛，这充分显示了中国古代劳动人民的伟大智慧。

不仅如此，李春又组织能工巧匠在桥面的两侧石栏杆上，雕刻了许多精美的图案，其刀法苍劲有力，细腻纯熟。只见各种鸟兽龙腾虎跃，欲飞若动，堪称隋唐时期雕刻艺术的佳作。

布达拉①宫

【建造年代】公元7世纪
【规模】海拔3 750米左右，主楼红宫高115.703米，
　　　　外观13层、内9层宫殿建筑
【地址】位于西藏自治区首府拉萨市区西北玛布日山上

　　7世纪，吐蕃王朝赞普松赞干布为迎娶文成公主而修建了位于西藏的布达拉宫。17世纪，当地人重建了这宫堡式的建筑群，成为此后历代达赖喇嘛的居所，成为西藏政教合一的统治中心。1994年，布达拉宫被正式列入《世界遗产名录》。

历史背景：给文成公主的见面礼

　　松赞干布统一各部后定都逻些（今拉萨），在7世纪初建立了封建政权。641年，他为与大唐结姻亲，特地在玛布日山上修建了一座叫作"红山宫堡"的宫殿，以迎娶文成公主。

　　红山宫堡被修建得非常宏伟，宫殿中大小房屋加起来约1 000间。不幸的是，在赤松德赞统治时期，一部分宫殿遭遇雷火被烧毁了。待吐蕃王朝覆灭时，这座宫殿也几乎被毁于战火。随后西藏政治中心又发生了转移，红山宫堡也就此没落了下来。

　　17世纪，五世达赖喇嘛在昔日辉煌一时的红山宫堡旧址上，重新修建了一座规模宏大的宫殿，命名为"布达拉宫"。此后，历代的达赖喇嘛都居住于此，各种重大的宗教或者政治活动也都

在这里举办，至此，布达拉宫正式成为西藏名副其实的政教合一的统治中心。直到现在，每逢重大宗教节日或活动，仍会有大批信仰藏传佛教的信徒从四面八方来此朝拜。布达拉宫作为著名的藏传佛教圣地，实至名归。

建筑赏析：世界屋脊上的明珠

由于布达拉宫是在红山宫堡昔日的旧址上重新修建的，占地面积36万余平方米，主建筑共13层，东西长400余米，为石木结构。它是著名的藏式宫堡式建筑，也是中国古代建筑艺术的杰出代表。

建造在山腰上的布达拉宫虽然外观只有13层、内部9层，但借助山体使它显得十分高耸雄伟，恢宏气势一览无遗。

布达拉宫内设宫殿、正厅、灵塔、佛殿、经堂、平台和庭院等建筑，宫内还存有大量雕塑、壁画、卷轴画、佛像、明清两代的教书、印鉴、礼品、匾等文物，是全国重点文物保护单位。1994年，布达拉宫以其无与伦比的特殊文化价值，被联合国教科文组织列入《世界遗产名录》。

布达拉宫的墙体由花岗岩垒成，显得坚实厚重。在高原明丽的阳光照耀下，平展的白玛草墙领，金碧辉煌的金顶，具有强烈装饰效果的巨大鎏金宝瓶、幢和经幡交相辉映，红、白、黄三种色彩的鲜明对比，这种分部合筑、层层套接的建筑型体，充分体现了藏族古建筑迷人的特色。

布达拉宫的主体建筑包括白宫、红宫以及周边与之相配套的

布达拉宫/石晓燕摄

日光殿/卞志武摄

建筑。

小链接：

　　白宫共有7层，因外墙为白色而得名，是达赖喇嘛生活起居的场所。位于第四层东侧的寂圆满大殿（措钦夏司西平措），是白宫最大的殿堂，也是达赖喇嘛坐床、举办亲政大典等重大宗教和政治活动的场所。最顶层是达赖喇嘛的寝宫日光殿，由于这里终日阳光普照，因此得名。

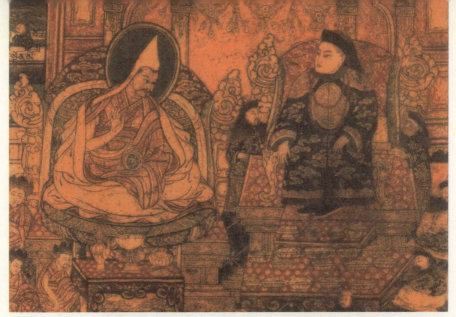

描绘五世达赖喇嘛去京觐见顺治皇帝情景的壁画/silver age提供

小链接：红宫和法王洞

　　红宫主要由达赖喇嘛的灵塔殿和各类佛殿构成，共有8座存放各世达赖喇嘛法体的灵塔，其中以五世达赖喇嘛灵塔为最大。西面的寂圆满大殿（措达努司西平措）是五世达赖喇嘛灵塔殿的享堂，也是布达拉宫最大的殿堂，内壁绘满了壁画，显得十分华丽和繁复。其中，五世达赖喇嘛去京觐见顺治皇帝的壁画是最著名的。

　　法王洞（曲吉竹普）等建筑是吐蕃时期遗存的布达拉宫最早的建筑物，内有极为珍贵的松赞干布、文成公主、尺尊公主和禄东赞等人的塑像。

　　在红宫前，还有一片白色的墙面为晒佛台，这是每当佛教节庆之日，用来悬挂大幅佛像的地方。

知识拓展

　　①布达拉：梵语"普陀"的音译，原指观世音菩萨所居之岛。布达拉宫俗称"第二普陀山"。

大雁塔

【建造年代】唐代
【规格】塔共7层，通高64米
【地址】陕西省西安市大慈恩寺内

大雁塔始建于唐代永徽三年（652年），用来贮藏玄奘法师经"丝绸之路"从天竺带回来的经卷、佛像。也是现存最早、规模最大的四方楼阁式砖塔。这座著名的建筑，如今已经成为古城西安的象征。

历史背景： 大雁塔与"雁"有关

大雁塔为何以大雁命名？玄奘曾在他所著的《大唐西域记》中提到一个印度的传说"僧人埋雁造塔"。这个故事也许就是大雁塔名称的由来。

据说很久之前，摩揭陀国（今印度比哈尔邦南部）曾有一座信奉小乘佛教的寺院，里面住着的和尚吃三净食（即雁、鹿、犊肉）。有一天，一个和尚瞧见空中飞来一群雁，随口说道："大家一天没东西吃了，菩萨应该知道我们肚子饿吧。"结果，竟有一只大雁应声坠地！他将这件事告诉了庙里的师兄弟，大家都认为这是如来佛在教化他们。于是，就在雁落之处，众和尚以隆重的仪式葬雁建塔，并取名雁塔。

玄奘法师画像/silver age提供

　　玄奘法师[①]在印度学习佛法时，十分敬仰这座塔和它所留下的传说。回国后，在慈恩寺译经期间，为存放从印度带回的经书、佛像，玄奘法师仿照着印度雁塔的模样，在慈恩寺西院建造了这样一座砖塔，并取名为大雁塔，名字一直沿用至今。

建筑赏析： 雁塔漫步

　　大雁塔是我国保存比较完好的楼阁式古砖塔。塔的整体外观呈方形锥体，通高64米，塔身共7层。造型简洁稳重，比例协调适度。大雁塔虽然没有华丽的装饰，但是建筑整体古朴简洁，外观十分恢弘。

庄严的大雁塔/silver age提供

　　在塔的底层，四面都有石门，门楣上均有精美的浅浮雕佛像，其中西门楣上为《阿弥陀佛说法图》，上面刻有富丽堂皇的殿堂。其画面布局严谨，线条遒劲流畅，相传为唐代画家阎立本的手笔。

　　底层南门洞两侧镶嵌着由唐代书法家褚遂良所书、唐太宗李世民所撰的《大唐三藏圣教序》，以及唐高宗李治所撰的《述三藏圣教序记》两座石碑，具有很高的艺术价值，人称"二圣三绝碑"。

　　大雁塔中还完好地保留着佛舍利、佛脚石刻、唐僧取经足迹石刻等珍贵的极具历史价值和艺术价值的作品。

小链接："雁塔题名"和"舍利"

唐中宗神龙年间，凡学子考中进士后，先要一起在曲江饮酒，在杏园参加国宴，然后登临大雁塔，并在塔壁上题名留念。"雁塔题名"后来成了一种风俗。白居易、刘沧等名人都曾在此表达过自己喜悦的心情。我们现在登上大雁塔，还可以看到许多熟悉的名字。

"舍利"是佛祖或得道高僧道行甚高的体现，是其戒、定、慧三者转化的结晶。佛祖或高僧在圆寂后火化时所生成的晶莹坚硬的颗粒，称为舍利子。火化后尚存的原身体某部位的灵骨，诸如佛牙舍利，顶骨舍利，佛指舍利等都甚为珍贵，往往带有圣洁和神秘色彩。

佛牙舍利/silver age提供

塔顶刻有圣洁的莲花藻井，中央为一朵硕大的莲花，花瓣上共有14个字，这14个字为"前""人""赞""唐""僧""取""经""还""须""游""西""天""拜""佛"，它们呈圆环状排列，没有标点，所以是有多种念法的连环诗句。

站在塔的最高层，可向四周远眺，古城西安的全景尽收眼底。

知识拓展

①玄奘法师（602—664）：原名陈祎，唐代高僧，法相唯识宗创始人。"玄奘"是他的法名，"三藏法师"是别人对他的尊称，后世俗称"唐僧"。贞观年间，他独自一人前往印度游学17年，学习了大乘、小乘各种佛法。回国时带回经卷657部、佛像8尊和大量舍利。归国后的玄奘法师专心致力于佛经翻译，在龙朔三年（663年）率众译成《大般若经》600卷。麟德元年（664年），操劳一生的玄奘法师因病圆寂。这位传奇人物被人们尊称为"三藏法师"。我们所熟悉的中国著名古典小说《西游记》中的唐僧原型，就是玄奘法师。

岳阳楼

【建造年代】唐代
【规模】高19.42米，宽17.42米，进深14.54米
【地址】湖南省岳阳市西门城头，洞庭湖畔

　　岳阳楼是江南三大名楼之一，也是中国四大名楼之一。它坐落于湖南省岳阳市古城西门的城墙之上，坐东向西，面临洞庭湖，遥望君山，气势恢宏壮阔。

　　岳阳楼与滕王阁、黄鹤楼并称"江南三大名楼①"，现为全国重点文物保护单位。

历史背景：岳阳楼的传说

　　关于岳阳楼的建造年代众说纷纭，但是一般认为岳阳楼始建于唐代，后焚毁于战乱中，北宋年间由滕子京主持修复和扩建。

　　史上曾有这样一则有关岳阳楼的故事。唐代开元四年（716年），有个叫张说的官员被贬职到岳州，做了个小官。虽然官位不高，但当他看到三国时期鲁肃的阅兵台旧址时，心里不禁萌生了建造一座"天下名楼"的想法。于是他张榜招聘各地的能工巧匠，打算在鲁肃的阅兵台旧址上修建心中的"天下名楼"。有一位青年木工叫李鲁班，手艺高强，擅长土木设计，被张说相中。张说要求他在一个月内设计出一座有三层、四角、五梯、六门、飞檐、斗拱的楼阁图纸。谁知道李鲁班摆弄了一个月，拿出来的

图纸只是一座小亭子。张说心中不快，又宽限了李鲁班几天时间，一定要他拿出一幅气派十足的楼阁图纸。

这可愁坏了李鲁班，正当他一筹莫展时，来了位白发老人，老人问清缘由，慢悠悠地打开了身后背的包袱，指着一堆编有号码的木块说："这些小玩意儿，你要是喜欢，不妨拿去摆弄摆弄，没准儿会弄出什么名堂来。如果还不行，就到连升客栈来找我。"

李鲁班仿佛悟出了什么，他迫不及待地摆弄起了木块，摆了又撤，撤了又摆，果然搭成了一座十分雄伟的楼型。众人十分高兴，都说是祖师爷显灵。李鲁班恭敬地向白发老人道谢，老人只是淡淡地说自己是鲁班的徒弟，姓卢。老人还留下了一把写有"鲁班尺"字样的木尺。

一阵风过后，老人便消失了。工地上的人纷纷跪下，朝着老人消失的方向叩首致谢。

不久，一座崭新的楼阁拔地而起，高耸湖边，气象万千。这就是洞庭湖边的明珠——岳阳楼。

建筑赏析:岳阳天下楼

岳阳楼构造十分独特，三层建筑以纯木建成，层层飞檐，处处斗拱，其构架繁复、独特，代表了中国古代建筑的精湛技艺。

岳阳楼楼顶的外形酷似古代战将所佩戴的头盔，俗称盔顶。采用这种形状建造楼阁，在古代建筑中也十分罕见。岳阳楼也是目前仅存的盔顶式古建筑。岳阳楼的外观十分华美，黄色的琉璃

小链接:

　　岳阳楼主楼中间由四根楠木通天柱从楼底贯穿至楼顶，承受了楼体大部分的重量，再用12根廊柱和32根檐柱合力顶起飞檐。全楼没用一根铁钉，所有梁、柱、檩、椽全靠相互咬合的榫头衔接。飞翘的楼檐则靠结构复杂、手工细致的如意斗拱承托而起。

　　榫卯衔接、斗拱承托是古代中国人民的创造，不仅美观，更坚实如磐。这两项建筑手法的发明，是对全人类建筑文化的巨大贡献。

瓦屋顶，朱红色的门廊和围柱，霸气张扬的盔顶及飞檐，与洞庭湖水两相辉映，景趣谐然。

千百年间，无数文人雅士登上岳阳楼，以诗文描绘登临岳阳楼时的所见所感。多少家国离愁，悲欢喜乐，大多记录在了他们的诗句里。文人登楼抒怀，最著名的要数范仲淹的《岳阳楼记》，如今楼内还藏有清代重新刻制的《岳阳楼记》，其全文被刻在12块檀木板上。

知识拓展

①江南三大名楼：指湖北武汉的黄鹤楼、江西南昌的滕王阁、湖南岳阳的岳阳楼。

圆明园

【建造年代】清代
【规模】面积为350公顷
【地址】北京市海淀区西北

　　圆明园始建于清代，是一组大型皇家园林，通称为"圆明三园"的圆明园，是由圆明园、长春园、绮春园（后改称万春园）三园组成。圆明园不仅汲取了中国历朝传统建筑的造园精髓，同时还借鉴了西方的建筑风格，集各种建造技巧和东西方艺术为一体，堪称中国园林史上的建筑杰作。

历史背景：六代皇帝苦心营建

　　自古以来，北京城的西北郊由于风景怡人，湖泊众多，从而吸引封建帝王、达官贵人纷纷在此地兴建园林。清代时，皇帝也看中了这块宝地，从康熙初年起开始修建园林，共建设了200多年之久。

　　圆明园的前身只是一座与周围园林相比并无特别之处的园林，康熙四十八年（1709年），康熙帝将这座园林赐给第四个儿子胤禛，并亲笔题写"圆明园"作为其匾额，自此得名"圆明园"。

　　雍正三年（1725年），雍正帝胤禛在圆明园南面增建宫殿

及衙署，占地面积由原来的600余亩扩大到3 000余亩。此后，圆明园不仅是清代皇帝休憩游览的地方，也是他们朝会大臣、接见外国使节、处理日常政务的场所。

乾隆帝即位后，在圆明园内调整了园林的景观，增添了建筑组群，又兴建了附园长春园和绮春园（同治时改名万春园）。这三座园林均由圆明园管理大臣管理，称为圆明三园。

嘉庆年间，圆明三园仍有所增建。嘉庆之后，由于国力衰败，政府再也无力对该园进行大规模的修葺，这种状况一直延续到咸丰十年（1860年），圆明园被英法联军焚毁为止。

清代几位皇帝都曾于圆明园中避暑纳凉，并于此举行朝会，外理政事，圆明园在当时的地位甚至可与紫禁城相提并论，被称为"御园"。

建筑赏析：辉煌的"万园之园"

圆明园和附园长春园、绮春园，从字面上看似独立，实则是相互贯通、合为一体的，每座园林里都有多个景点，每个景点都以一组建筑为中心，并搭配不同的景观。每组建筑包括众多院落，每个院落又含有若干幢建筑，可谓各有千秋，景观繁多。这种园中有园、层层嵌套的格局是圆明园的一个重要建筑特征。

在圆明园中，有著名的"圆明园四十景"：正大光明、勤政亲贤、九洲清晏、镂月开云、天然图画、碧桐书院、慈云普护、上下天光、杏花春馆、坦坦荡荡、茹古涵今、长春仙馆、万方安和、武陵春色、山高水长、月地云居、鸿慈永祜、汇芳书院、日天琳宇、澹泊宁静、映水兰香、水木明瑟、濂溪乐处、多稼如云、鱼跃鸢飞、北远山村、西峰秀色、四宜书屋、方壶胜境、澡身浴德、平湖秋月、蓬岛瑶台、接秀山房、别有洞天、夹镜鸣琴、涵虚朗鉴、廓然大公、坐石临流、曲院风荷、洞天深处。

正大光明

乾隆五十八年（1793年），英国使臣乔治·马戛尔尼访华所带的礼品曾皆陈列于圆明园大宫门内七间大殿之中。而这七间大殿曾是清代统治者在园内接见外国使节的常用地点。其上有题匾，上面端正地写了"正大光明"四个字。

万方安和

此殿建成于雍正五年（1727年），位于圆明园中心景区后湖的西北侧。传说雍正皇帝十分喜爱居住于此，乾隆皇帝端午节也在此侍奉皇太后进宴。由于这里共由33间殿宇组成，且形状酷

正大光明匾复原图/silver age提供

似一个"卍"字，所以这里还有一个"万字房"的俗称。

圆明园内的万方安和景象/silver age提供

武陵春色

这处景色是根据陶渊明《桃花源记》一文的描述来兴建的，位于万方安和的北侧，最初称为桃花坞，意境闲适。始建于康熙五十九年（1720年）前后，据说乾隆皇帝执政前曾在此处读书。若乘着小舟沿着溪水逆流而上穿过东南的山洞，可见大片桃花，就好似进入了世外桃源。

蓬岛瑶台

蓬岛瑶台，初名蓬莱洲，建于雍正三年（1725年）前后。位于福海中央，遥遥望去呈三岛状，乾隆初年改名为蓬岛瑶台。岛上的建筑仿若仙台楼阁，是仿照唐代著名画家李思训的"一池三山"的画意建造的。圆明园的鼎盛时期，每逢端午节都会在此处举办龙舟竞赛，皇帝率王公大臣在"望瀛洲"亭观看，皇太后及后妃内眷则在蓬岛瑶台观赏。

西洋景观

长春园北部，远远望去可以看到一组由传教士郎世宁、王致诚、蒋友仁等设计的欧式建筑。这是在中国皇家园林中，首次建造巴洛克风格的西式建筑群。虽是西式建筑，但在细节处却融入了东方元素。从尚存的残垣断壁中，观者还可感受到一些当年的风华神韵。

大水法

大水法曾是西洋景区一处最为壮观华美的欧式喷泉。其建筑造型为石龛式，形状与门洞十分相似。下面有狮头喷水，呈七层水帘；前面椭圆菊花式喷水池中心有铜制梅花鹿，鹿角可喷出八道水柱；两侧又有十只铜狗围着池中心的梅花鹿，狗的口腔中也能喷出水柱，射向鹿身，以展示皇族骑射猎杀时的景象，俗称"猎狗逐鹿"。水帘水柱，线面结合；内外水柱，交错晶莹。构思十分巧妙。

圆明园大水法遗址/杜雪琼摄

远瀛观主体楼

远瀛观是远瀛观主体楼、大水法、观水法三部分的总称。远瀛观主体楼位于大水法北侧，是一座钟楼式西洋建筑。门窗上均镶装了玻璃，大小共计1 206块。远瀛观主体楼的汉白玉石柱上面雕刻有葡萄纹，雕工十分精良、传神。

建筑流传： 圆明园的焚毁与残败

1860年第二次鸦片战争期间，圆明园遭到英法联军大规模的纵火抢劫。后来圆明园被清王室整修，尚有部分建筑残存。

1900年，北京被八国联军攻占，圆明园在混乱中遭到附近驻军溃兵和匪民的劫掠，残存建筑大部被毁。清代灭亡后，圆明园遗址无人看护，残存的建筑和园墙也因人口的大量迁入大多遭到平毁。

目前，圆明园三园内有迹可考的遗址，大多分布在西洋楼一带，包括海晏堂大锡海、谐奇趣、方外观残存石柱石台、大水法

精致的猴首/silver age提供

西洋式石门及喷水池、绮春园单孔桥、圆明园别有洞天石舫等。

圆明园被劫掠后，园内珍宝大量流失于海外。欧洲各博物馆收藏有来自圆明园的藏品，如《女史箴图》（藏于大英博物馆）、《圆明园四十景图咏》（藏于法国国家图书馆）、文渊阁版《四库全书》残本和瓷器、佛像、佛塔（多集中藏于法国枫丹白露宫）等。

被英法联军盗走的海晏堂"水力钟"喷泉12生肖兽首铜像，到2012年为止，牛首、猴首、虎首、猪首和马首铜像已回归中国，收藏在保利艺术博物馆。

颐和园

【年代】清代
【规模】面积为2.9万平方千米，水面约占总面积的
　　　　四分之三
【地址】北京市海淀区西北

颐和园与承德避暑山庄、苏州拙政园、苏州留园并称为"中国四大名园"。之所以有这么高的评价，是因为它是迄今留存的规模最大、保存最完整的中国北方的皇家园林。作为清代皇帝的行宫，最引人入胜的是其自然山水之美。

历史背景： 清代皇帝的理想国，末世太后的安乐窝

颐和园的前身是清漪园。1750年，乾隆皇帝下令将北京西郊从清华园到香山长达20千米的"三山五园"连接在一起，建成一个庞大的皇家园林区，为孝敬其母崇庆皇太后。

"三山五园"中，"三山"分别指万寿山、香山和玉泉山；"五园"则是指畅春园和圆明园，以及分别建造在三山上的清漪园、静宜园和静明园。这些园林中清漪园是最后建造的。

1860年，英法联军焚毁了清漪园，1888年光绪统治时期，慈禧太后以光绪皇帝的名义下令挪用部分海军军费，用以重建清漪园，并将其更名为"颐和园"，用作消夏游乐之地。颐和园的命运多舛，先后经历了八国联军、军阀混战等战乱的洗劫，前后

慈禧太后画像/silver age提供

经过多次修复才得以保留大部分原貌。现已被列入《世界遗产名录》。

建筑赏析：皇家园林博物馆

颐和园是其设计建造者巧妙地利用昆明湖、万寿山等自然基址，参考杭州西湖风景区的景观特点，并在细节处吸收江南园林的设计手法，建成的一座大型天然山水园，也是目前保存得最完整的一座皇家行宫御苑，有皇家园林博物馆的美称。

在颐和园中，主要景点大致分为政治活动区、生活区和苑园游览区三个区域。

1. 政治活动区：以庄重威严的仁寿殿为代表，是清代末期慈禧太后与光绪皇帝从事内政、外交等政治活动的主要场所。

2. 生活区：以乐寿堂、玉澜堂、宜芸馆等庭院为代表，是慈禧太后、光绪皇帝及后妃居住的地方。

3. 苑园游览区：以长廊沿线、后山、西区组成的广大区域，供帝后们澄怀散志、休闲娱乐。

代表性建筑

佛香阁：位于万寿山前山中央的山腰，南依昆明湖，建造在一个高20米的方形台基上，是一座八面、三层、四重檐建筑。阁高41米，阁内有8根巨大的铁梨擎天木柱，结构十分复杂，是中国古典建筑中的精品。佛香阁曾被英法联军烧毁，后又被重建。建造佛香阁，也可以说是颐和园里最大的工程项目。

阁内供奉着"接引佛"，专供皇室成员在此烧香。佛香阁和排云门、二宫门、排云殿、德辉殿、智慧海组成了一组气势雄伟、巍峨壮观的建筑群。

佛香阁雪景/王景和摄

坐落在昆明湖上的十七孔桥/卞志武摄

　　昆明湖：是颐和园的主要水域，约占全园面积的四分之三。南部的前湖区碧波荡漾，烟波浩渺，西望远山起伏、北望楼阁成群；湖中有一道西堤，仿照杭州西湖苏堤而建，堤上桃柳成行；十七孔桥横卧湖上，湖中三座岛上也有形式各异的古典建筑 。

　　长廊：位于万寿山南麓，面向昆明湖，东起乐寿堂西院，西至石丈亭。长廊长达728米，共273间，是中国园林中最长的游廊。廊上的每根枋梁上都有彩绘，内容有人物、山水、花鸟、风景等。1992年，它被认定为世界上最长的长廊，列入《吉尼斯世界纪录》。

　　石舫：昆明湖上有一条长36米的大石船，位于长廊西端，也是颐和园中唯一带有西洋风格的建筑。船楼共有两层，用大理

颐和园长廊/卞志武摄

石修建而成，上面雕有纹样，窗户镶嵌着彩色玻璃，顶部以砖雕作为装饰。下雨时雨水可通过四角的空心柱子流走，不会造成积水，设计极其精巧。

西洋风格的石舫/卞志武摄

　　大戏楼：德和园大戏楼共三层，高21米，在园中的高度仅次于佛香阁。 是为庆祝慈禧60岁生日而修建的，专供慈禧看戏之用。戏楼顶板上有七个"天井"，地板中有"地井"，舞台底部有水井和五个方池。如此设计，是为了演出神鬼戏时，演员可从"天"降，也可从"地"出，还能引水上台，其构思之奇巧，让人叹为观止。

　　苏州街：仿照江南水镇的样式，在后湖两岸修建的商业街。清代末期岸上有各式店铺，如玉器古玩店、绸缎店、点心铺、茶楼、金银首饰楼等，货源多从民间选购。店铺中的店员都是由太监、宫女装扮。皇帝游幸时开始"营业"。后湖岸边的数十处店铺于1860年被列强焚毁。现在的景观为1986年重建。

大戏楼/卞志武摄

苏州街/卞志武摄

第四章　书法

　　中国书法是一门古老的艺术，经历了从甲骨文、金文到大篆、小篆、隶书直至楷书、行书、草书的演变。在世界为数不多的象形文字中，中国古代劳动人民将文字依外形结合绘画，将书写发展成一门独立又独特的艺术。纵观中国历代书法，可以清晰地看到"晋人尚韵，唐人尚法，宋人尚意，元、明尚态"等书法的发展轨迹，且蕴含了中国各类处世哲学思想，是独树一帜的文化瑰宝。

　　中国唐代的欧阳询、颜真卿、柳公权和元代的赵孟頫四位书法家皆以擅写楷书而著称，并被合称为"楷书四大家"。他们写的楷书虽为同一书体，但是各有千秋，并被分别称为"欧体""颜体""柳体""赵体"。

《兰亭集序》

【创作年代】东晋
【作者】王羲之
【规格】共28行，324字
【现状】相传随葬于昭陵或乾陵

　　《兰亭集序》是东晋著名书法家王羲之的代表作，是行书①中的经典，被称为"天下第一行书"。

历史背景：文人雅士相聚欢

每逢农历三月上旬的巳日，到水边用香薰草蘸水往身上掸洒或沐浴，以此种形式祈求消除病灾与不祥。这是古代中国民间流传的一种习俗，称为"修禊"。晋穆帝永和九年（公元353年）农历三月初三，著名书法家王羲之和一众名流雅士，包括宰相谢安和其弟谢万、辞赋家孙绰以及王羲之的儿子献之、凝之、涣之、玄之、徽之等人来到会稽山的兰亭（今绍兴城外的兰渚山下）"修禊"。众人还乘兴举行了"曲水流觞"的仪式。所谓"曲水流觞"，就是大家依次列坐在蜿蜒曲折的溪水两旁，把斟

王羲之/silver age提供

酒的羽觞放入溪水，任羽觞随溪水漂流，羽觞漂到了谁的跟前，谁就得赋诗。作不出诗的人，就要被罚酒三杯。那天有11人每人作诗两首，15人每人成诗一首。众人乘着诗兴，打算把当天的诗作汇成集，于是公推王羲之写一篇序，来记录这次雅集。王羲之也不推诿，挥毫一蹴而就，写成了28行，共324字的《兰亭集序》，被后人誉为"天下第一行书"。

作品赏析：天下第一行书

《兰亭集序》从文字上来说朗朗上口，是一篇行文流畅、优

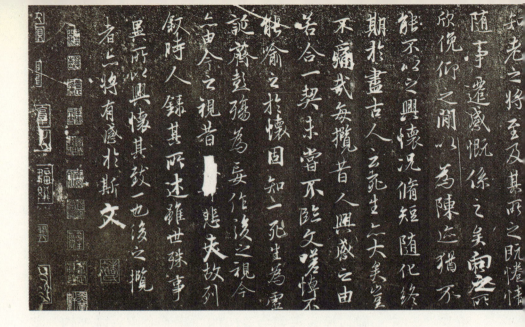

美的散文。前一部分叙事写景，叙述了聚会的过程和风光景致，文字简洁、平和；后一部分抒情议论，引发出乐与忧、生与死的感慨，从文字中能感受到作者心绪的变化起伏和积极入世的人生观。《兰亭集序》作为一篇集思想性与艺术性于一体的杰出美文，被收录于现行的中学课本中。《兰亭集序》的书法艺术成就更大于它的文学成就，是一件被无数后人膜拜、习摹的行楷书法作品。

天然的布白

《兰亭集序》布局的形式，可谓"纵有行、横无列，行款紧凑，首尾呼应"。《兰亭集序》的28行，行距均匀且大于字距，字的大小大于行距，如此排布，使得留白与字体比例得当，紧凑中见疏朗，书面整体的视觉效果匀称舒适。

多变的结构

《兰亭集序》为行楷，字形亦行亦楷，字字端正，可见王羲之对此序言的重视，写得极其认真。书写时当迟则楷，当速则

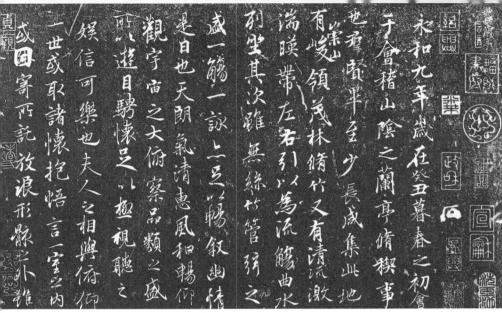

行。楷书行书相间，疾徐有度。观者通过作者书写的疾缓，可以揣摩出其心绪的变化。作品包含了友人聚会的亲切，身处美景中的怡然，也有对时光流逝的无奈和顿悟后的释然。情绪时而平静，时而波澜起伏。这种变化不仅体现在书体形式上，也体现在每个字的结构中。《兰亭集序》中的每个字都透显着王羲之的心绪与个性，每个字的结构都值得玩味习摹。相同的字，写法各不相同，如"之""以""为"等字，各有变化。一个"之"字，就有二十几种写法，达到了多样但又不失统一的艺术效果。

卓越的用笔

《兰亭集序》之所以能成为经典，还在于王羲之的用笔，通篇300余字，仔细看，没有一处败笔，笔笔都显示出王羲之的功力与用笔的老到。点、横、竖、撇、捺，出锋处凌厉果断，弯折处潇洒遒劲。

作品流传： 兰亭茧纸入昭陵

据说王羲之回家后，又把序言重写了数十遍，但都觉得不如初稿写得好，所以也更倍加珍惜这幅《兰亭集序》。王羲之的家人也视之为传家宝，将原稿代代相传，待传到第七代孙智永时，却因没有子嗣后代，才传给了弟子辩才。

唐太宗李世民酷爱王羲之的书法，于是派人找到辩才，设法讨到了《兰亭集序》的真迹。唐太宗得到《兰亭集序》后爱不释手，每天带在身边，一有空闲就要展卷观赏。他后来下令把《兰亭集序》作为殉葬品，待他身后一同下葬。所以，《兰亭集序》的真迹很有可能被葬在了唐太宗的昭陵中。唐太宗曾让冯承素、虞世南、褚遂良等书法家临摹拓了10本《兰亭集序》，赏赐近臣，所以现在世人见到的《兰亭集序》多为唐摹本。其中最逼真的版本是冯承素的摹本，被称为"神龙本"。

知识拓展

①行书：行书是介于楷书和草书间的一种书体。"行"有"行走"的意思，通过归纳、简化、连接一些笔画，使书写速度快于楷书，但比草书易于辨认。所以它不如楷书端正，也不像草书那样潦草。书写中楷法多于草法的叫"行楷"，草法多于楷法的叫"行草"。东晋王羲之、王献之父子是中国历史上最负盛名的行书名家，被后世并称为"二王"。

《九成宫醴泉铭》

【创作年代】唐代
【作者】欧阳询
【规格】共24行，满行50字
【现状】传世最佳拓本为明代李琪旧藏宋拓本，现藏于北京故宫
　　　　博物院

作者简介：

　　欧阳询，字信本，今湖南长沙人。作为楷书①大家，其书法刚劲有力，字体结构独特，自成一格，被世人称为"唐人楷书第一"。

　　《九成宫醴泉铭》是欧阳询的代表作之一。碑文记载的是唐太宗在九成宫避暑时发现涌泉的情景。铭文原文由魏徵撰写，欧阳询奉旨用用楷书书写。

　　此碑上的书法是欧阳询的代表作品，体现了欧阳询书法的独特风格，其主要特点是：多用方笔，字心略偏左，长笔多倾向右

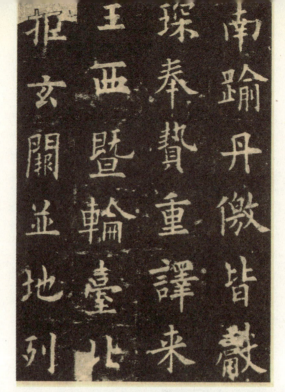

《九成宫醴泉铭》局部/silver age提供

下方，整个字看起来虽欠平正，却显得稳定坚实。

其他楷书名家的字体大多细瘦，可欧阳询书写的楷书则不同，他的用笔多注重手指力度的掌控和变化，每一笔都非常扎实，透着一股坚忍不拔的气度，既不细瘦，也不粗拙，刚劲得宜。另外他的字不仅起笔强调气韵和力度，更将这种气韵和力度贯穿至全字的书写之中，所以他的字看上去十分饱满有力。欧阳询这种独特的笔法，也就更显得别具一格。

知识拓展

①楷书："楷"即楷模，榜样，供人学习。楷书起始于汉末，在隶书的基础上加以规范，使得结构更加方正，笔画更加平直，便于辨认书写，俗称"方块字"。楷书就是供人学习和运用的正规书体。

《大唐西京千福寺多宝塔感应碑》

【创作年代】唐代
【作者】颜真卿
【规格】共34行，每行66字
【收藏】碑存于陕西西安碑林博物馆

作者简介：

　　颜真卿，字清臣，唐代书法家。他在安史之乱中尽力抗敌，并因此获任吏部尚书的职务。德宗曾在诏文中对他有过这样的评述："器质天资，公忠杰出，出入四朝，坚贞一志。"以鉴其对朝廷的忠心。

　　颜真卿是在"二王"之后，对后世影响最大的书法家之一，其书法被称为"颜体"。笔力刚劲、气势磅礴，是其最突出的特征。

　　这件《大唐西京千福寺多宝塔感应碑》并非由一人单独完成，其中由岑勋撰文，徐浩隶书题额，颜真卿以楷书书写，史华镌刻。此碑立于公元752年，现藏于西安碑林博物馆。

　　《大唐西京千福寺多宝塔感应碑》所展现的是颜真卿早期规整严密的书写风格，有别于其后期书写《颜家庙碑》《麻姑仙坛记》时的雄阔笔风。对于《大唐西京千福寺多宝塔感应碑》，也曾有"此是鲁公最匀稳书，亦尽秀媚多姿，第微带俗……"这样的评价。

　　负责以隶书题额的徐浩也是唐代著名的书法家，他受父亲和祖父的影响，自幼乐于学习书法和经书。当时的肃宗也十分喜爱他的字，因此诏书大多都由他撰写。他非常有文采，草隶也写得十分不错。

　　负责撰文的岑勋则除了在李白的《将进酒》一诗中以"岑夫子"的身份出现过，就再没有什么特别的记载了。

　　《大唐西京千福寺多宝塔感应碑》一文中，大致记述了关于唐代僧人楚金禅师的生平事迹，以及多宝塔的兴建过程。

《大唐西京千福寺多宝塔感应碑》局部/silver age提供

《玄秘塔碑》

【创作年代】唐代
【作者】柳公权
【规格】共28行，每行54字
【现状】碑存于陕西西安碑林博物馆

作者简介：

柳公权，字诚悬。由于他非常喜爱文学和书法，并愿意在政治上发表自己的观点，被唐穆宗所赏识，官至太子少师。他的书法以楷书著称，并与颜真卿齐名，世称"颜柳"。其书法意气高远，字体端正稳健，用笔稳健，其才情和品格在笔画之间尽情显现，正所谓"字如其人"。

《玄秘塔碑》立于唐会昌元年（公元841年），是柳公权的代表作品之一。其上字体皆为楷书，一共28行，每行54字。现存于陕西西安碑林博物馆。

柳公权爱好读书，在长时间学习历代名家书法作品时，顿悟出了自己对书法创作的独到见解。他的字笔法遒劲清秀、端正大方，对后世影响深远。他可谓是"心正则笔正，笔正则可法矣"的代表。

"后七子"中的王世贞曾评说此书："柳法遒媚劲健，与颜司徒媲美。"这正说明柳公权已将楷书发扬到了一定境界，而能与颜真卿大气磅礴的字体相媲美，以至于被后世誉为"颜筋柳骨"。

《玄秘塔碑》局部/silver age提供

《胆巴碑》

【作者】赵孟頫
【创作年代】元代
【规格】纸本，纵33.6厘米，横400厘米
【现状】不详

作者简介：

　　赵孟頫，元代书画家，字子昂，号松雪道人，又号水精宫道人。他不仅擅长书画，还精通金石篆刻、文学诗词，甚至对经济、法律也有所研究。

　　他善于创新，开创元代绘画的新风，被称为"元人冠冕"。

　　他的书法与其他三位唐代楷书名家的刚劲风格不同，更追求清秀和洒脱。在赵孟頫众多传世作品中，晚年作品最能代表其风格，其中以楷书和行书最好，楷书中又以《胆巴碑》最为精彩。

　　赵孟頫天资聪颖，勤奋用功，为后世留下了大量的墨宝。其中，他63岁时所书《胆巴碑》被称为"古劲绝伦，品属第一"。

　　《胆巴碑》全名为《大元敕赐龙兴寺大觉普慈广照无上帝师之碑》，通篇为楷书，只有个别字采用了行书书写。全篇每个字都饱蘸浓墨，笔画间没有飞白，笔笔都收放到位，没有懈怠之气。该帖因实用需要打有乌丝栏，但通篇没有格式的拘谨，反而字字气势贯通，行行行云流畅。

　　赵孟頫的字体与唐代三位楷书大家相比，看似少了刚劲，

《胆巴碑》局部拓片/silver age提供

貌似绵秀，但在笔画的绵秀中透着金石的功底，另有一种力道。

细看《胆巴碑》的每个字，少见出锋，但在撇捺等笔画中显现出沉稳的力量，如同太极的绵里藏针，借势发力。每个字的笔画也如同太极，左右、上下自得舒展。所以赵孟頫的书力是一种潜藏的以抑待发，仿佛在蓄积力量，后劲十足。他的字平中见奇，反复回味后方见其精妙之处。

《自叙帖》

【创作年代】唐代
【作者】怀素
【规格】纵28.3厘米，横755厘米
【现状】台北故宫博物院收藏

《自叙帖》是唐代著名书法家怀素的代表作，是"狂草"书法作品的经典之作。

历史背景：醉僧怀素不是"坏"和尚

怀素在《自叙帖》中有这样的文字："怀素家长沙，幼而事佛，经禅之暇，颇喜笔翰。"寥寥十七字就让后人大致对他有所了解：事佛之余最大的爱好就是写字。怀素十几岁就出家事佛，但他是个有个性、有主见的人，所以常常不拘常理。他谨遵一句"酒肉穿肠过，佛祖心中留"，不忌酒肉，尤其嗜酒如命。每每酒后，他总能达到挥毫的最佳状态。其字如龙奔电掣，豪放不拘，自成一家"狂草"。

《自叙帖》是777年怀素摘录颜真卿对他的品评，以及张谓、虞象、朱逵、李舟、许瑝、戴叔伦、窦冀、钱起等八人的赠诗摘要，以狂草的形式自述书写草书①的经历和经验。这也是怀素流传下来的篇幅最长的作品。

作品赏析： 狂里轻世界，醉里得真知

　　怀素的狂草是在草书的基础上发展起来的，比草书更不拘、更疏放。

　　怀素的狂草虽狂，却不失法度。《自叙帖》从整体上看，字体大小不一，笔触豪放不羁。但其中自由定势，无论字大字小、墨色或浓或淡，全卷整体有一种内在的气势贯穿，使得整体散而不乱，笔停而气势不断，变化间疾徐张弛有度，轻重缓急有忖，如音乐有旋律有变奏。

　　具体到笔画，粗重时如蛇蟠龙踞，静中有动；绵细飞白时又如银蚕吐丝，锥画沙盘，绵劲不断。收笔出锋，则锐利如同钩斫，被称为"铁画银钩"。

　　《自叙帖》通体自由奔放，令人荡气回肠。

　　不要误以为怀素的草书就是凭喝酒写成的。其实怀素是一个特别用功、特别能吃苦的人。他小时候家境贫寒，买不起纸墨，总是就地取材练习写字。出家以后，寺庙的院子里有芭蕉，他发现那些芭蕉叶干了以后，是很好的书写材料，于是在院子里种满了芭蕉。由于练字勤奋，风干的芭蕉叶不够用了，于是他就站在

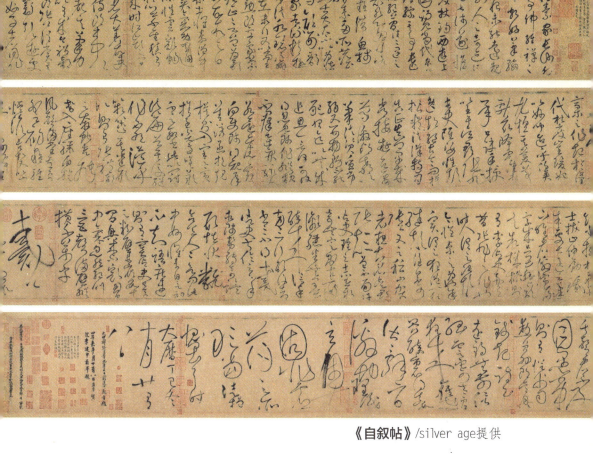

《自叙帖》/silver age提供

院子里的芭蕉树下，在新鲜的芭蕉叶上练字，任凭烈日当头或风吹雨打。不懈地努力和刻苦练习，才成就了他自成一派的狂草艺术，而饮酒只是将他的创作激情推到极致罢了。

日积月累的积淀，使得书法的各种要领、精髓溶入了怀素的血液，成为他书写的本能，具备了提笔即入化境的能力。而饮酒更激发了他的豪放和激情，所以能够挥洒得出神入化，自成一格，成为后人难以超越的草书大家。

①草书：书法体例的一种，为快速书写而将字体结构归纳精简，笔画按笔顺延绵不断。草书有章草、今草、狂草三种。章草因笔画省略变化有章可循而得名；今草在章草的基础上更强调书写的自由性和观赏性；到唐代，张旭和怀素依循古法发扬个性创造了"狂草"。

《蜀素帖》

【创作年代】北宋
【作者】米芾
【规格】纵27.8厘米，横270.8厘米
【现状】台北故宫博物院收藏

《蜀素帖》是北宋著名书法家米芾在"蜀素"上书写的八首原创诗词，是他的行书代表作。

历史背景：天下第一美帖

蜀素是古代四川织造的丝织品，织造的时候用乌丝夹织出宽窄相等均匀的栏格，专门用于书写。宋朝时有位姓邵的人专门将一段上好蜀素装裱成轴，寻访名家书写，以作为传家宝留给后人。但是这轴蜀素传了三代，还是没有找到敢在其上书写的人。因为蜀素的质地与纸张完全不同，在上面书写时，笔锋滞涩难移，如果没有深厚的功力，没人敢在蜀素上写字。后来这轴蜀素辗转到了湖州郡守林希手中，一直收藏了20年之久。有一次，林希邀请好友米芾结伴同游苕溪，看米芾兴致颇好，他便拿出珍藏已久的蜀素请米芾留下墨宝。米芾乘兴在蜀素上用行书一连书写了八首他自己创作的诗词。这就是被后人誉为"中华第一美帖"的《蜀素帖》。

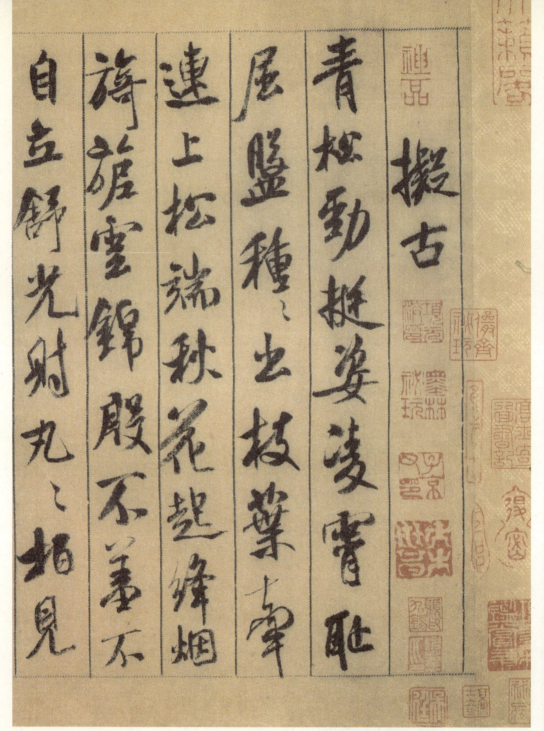

《蜀素帖》局部/silver age提供

作品赏析："刷字"代表作

《蜀素帖》是米芾的行书代表作之一。通篇没有圈点改划，没有错栏出格，干净整洁。从这一点可反映出他对朋友的真挚与尊重，以及对自己的严格要求。

小链接：

"势"是指书法艺术中由笔画的形态、字体的间架，以及字与字的章法布局，共同透显的整体气质。这些都显示了书写者的学养和功力，并通过书写时的笔力、腕力和速度的运用表现出来。

米芾的造势之法主要有以下几种：

1. 用笔灵活，速度、腕力掌握得当。在蜀素上书写与在纸上书写不同，纸的摩擦力小，行笔自然轻松。蜀素质地滞涩，很难做到书写贯通行畅。为了克服这一点，米芾采用笔笔提、笔笔按、运笔快的手法来克服材料质地的制约，避免了生涩。例如上页图片中的"不"字，每笔都提、顿到位，但一笔接一笔，笔触不被蜀素拖滞，笔画间却显示了蜀素质地的美感。

2. 大部分字右肩高耸，字体向左倾斜。但从整体布局来看，横向没有平齐的行列，斜向倒是整齐成列。从现代心理学来说，写出这样字体的人，独立性强、好内省、观察力敏锐。这样的字形从视觉上来说，打破了乌丝栏的拘谨，显得跌宕变化，沉稳中显现变化。

3.《蜀素帖》竖列每个字的重心都不在一条直线上,有的偏左,有的偏右。这恰是此帖的巧妙所在。试想,若每个字的重心都排列整齐,再配上乌丝栏,就显得呆板了。而现在这样的处理方式,与乌丝栏的直线相配,就显得和谐灵动了。

4. 米芾自称"集古字",他把前人高师的用笔、结构、章法用心地研究揣度,并加以潜心练习,所以米芾书写的行书,手随心行,心到笔到,字字随心所欲。中锋、侧锋、藏峰、露锋运用自如,他能笔笔出锋,形成圆融中见棱角,秀丽中见锋劲的特点。看前两页图片中的"舒"字,一字中各种笔锋全用到了,笔笔见锋,既有骨力又很潇洒,充分体现了他"八面出锋"的独特风格。

可以看出,随着对蜀素质感的熟悉,米芾越写越顺手,越写速度越快。起初,每行八字,字字独立,间距相对宽阔。渐渐地,随着书写速度加快,字与字间的气韵愈加连贯,字间距减小,变成每行十字,一气呵成。他自称这种畅快淋漓的疾书为"刷字"。用"刷字"来形容米芾的行书,的确生动形象。看米芾的行书,确有儒雅中见侠骨的感觉。

小链接:

"刷"原本为动词时有"擦拭"的意思,在书法中是指笔在纸面迅速推擦的技法。在米芾的行书中此法明显,有国画皴法的意蕴。

第五章　陶瓷

　　中国是瓷器的盛产地。在英文中，"中国China"与"瓷器china"两个单词拼写相同，首字母为大写指中国，首字母为小写指瓷器。可见瓷器在中国艺术宝库中重要的地位。中国古代陶瓷是为满足日常生活所需而创造的，最初为实用器皿，渐渐发展成艺术与实用并重，甚至艺术性超过实用性而归入工艺品的范畴，成为中国文化的重要组成部分。

　　中国陶瓷史上，宋代陶瓷在烧造技术和釉质、造型艺术等方面成就非凡，其中汝窑、官窑、哥窑、钧窑、定窑产品造型端庄又各具特色、釉色温润典雅、工艺精湛，体现了宋代制瓷的最高水平，从而被后世称为"五大名窑"。"五大名窑"的说法始见于明代皇室收藏目录《宣德鼎彝谱》："内库所藏汝、官、哥、钧、定名窑器皿，款式典雅者，写图进呈"。

> **小链接：**
>
> 　　宋代瓷窑有官窑和民窑之分。官窑是官方支持开办的窑场，专门为皇宫、王室生产用瓷，审美与质量并重。民窑是民间开办的窑场，生产民间用瓷，注重生活实用性。

汝窑——宋瓷之冠

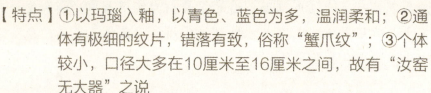

【存世年代】北宋后期

【类别】官窑

【属性】青瓷

【窑址】河南省宝丰清凉寺村（宋时属汝州）

【特点】①以玛瑙入釉，以青色、蓝色为多，温润柔和；②通体有极细的纹片，错落有致，俗称"蟹爪纹"；③个体较小，口径大多在10厘米至16厘米之间，故有"汝窑无大器"之说

【代表作品】①天青釉弦纹樽（现藏于北京故宫博物院）②天青釉圆洗（现藏于北京故宫博物院）③粉青莲花式温碗（现藏于台北故宫博物院）

在"五大名窑"中，汝窑位列第一，现存世作品不足百件。汝窑因为是官窑，做工不计成本，瓷釉里会添加玛瑙，所以烧成以后以青色、蓝色为多。关于汝窑有"天青为贵，粉青为尚，天蓝弥足珍贵"的说法。青色在不同的光照条件下，从不同的角度观察，颜色会有变化。在日光强的地方，青色中会见泛黄，宛如雨过天晴后蓝天上映着些金色阳光；在光线偏暗的地方，则显得青中带蓝。

汝窑天青釉瓷器/silver age提供

官窑——神韵天成

【存世年代】北宋后期宋徽宗政和年间
【类别】官窑
【属性】青瓷
【窑址】河南省开封市
【特点】①釉色温润沉着，釉面无装饰；②釉面大开片，形如龟
背，纹色如鳝血；③"紫口铁足"：口沿釉薄，胎色透
过薄釉呈紫色；底足不施釉，直接显胎质铁
【代表作品】①官窑弦纹瓶（现藏于北京故宫博物院）②官窑粉
青花觚（现藏于台北故宫博物院）

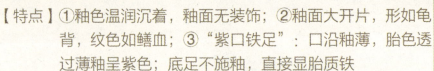

小链接：

青瓷和白瓷是中国瓷器的传统经典品种。白瓷是在青瓷基础上发展而成的，优质白瓷瓷釉必须将釉料中的铁含量控制在1%以下才能烧成。在青瓷、白瓷后才衍生出各色瓷。白瓷和青瓷造型典雅雍容，釉色含蓄沉着，历来为中国人民所喜爱。五大名窑中汝窑、官窑、哥窑、钧窑生产青瓷，定窑生产白瓷。

宋代官窑瓷器/silver age提供

定窑——颜色天下白

【存世年代】唐代、宋代、元代
【类别】民窑/官窑
【属性】白瓷
【窑址】河北省曲阳县涧磁、燕川以及灵山诸村镇
【特点】①色调暖白，细薄润滑；②运用刻、划、印花与描金花
　　　　等装饰花纹
【代表作品】①宋代定窑孩儿枕（现藏于北京故宫博物院）②定
　　　　　窑刻莲花纹碗（现藏于台北故宫博物院）

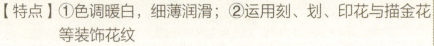

划花：以工具在陶瓷胎体上，刻划出流畅简洁的纹饰。篦状工具是常用工具，可划出相对细密整齐的纹饰。莲瓣纹（一枝独放、花开并蒂、花叶交错等）是定窑立件器物上最常见的划花纹饰。

刻花：刻花是在划花工艺上发展起来的，相对于划花，图案更富于变化、更有立体感。

印花：印花是用刻有图案的印模，在陶瓷胎体上扣印图案。印花因有模子，所以可以反复使用，可以批量制作图案相同的器物。印花图案以植物、吉祥图案为主，主要有莲、菊、萱草、牡丹、梅、牛、鹿、鸳鸯、麒麟、龙凤、狮子和飞龙等。

宋代定窑孩儿枕/silver age提供

钧窑——国之瑰宝

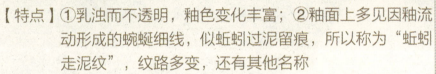

【存世年代】唐代、宋代、元代

【类别】民窑/官窑

【属性】青瓷

【窑址】河南省禹州市

【特点】①乳浊而不透明，釉色变化丰富；②釉面上多见因釉流动形成的蜿蜒细线，似蚯蚓过泥留痕，所以称为"蚯蚓走泥纹"，纹路多变，还有其他名称

【代表作品】①钧窑玫瑰紫釉花盆（现藏于北京故宫博物院）
②天蓝紫斑如意枕（现藏于台北故宫博物院）

　　钧瓷虽属青瓷，但较其他青瓷釉色，颜色变化更为丰富。而且钧釉的名贵就在于其特有的窑变效果。由于人工无法掌控其出窑后的釉色，于是等待出窑后釉色带来的惊喜，也成为人们的期盼。钧釉瑰丽闻名天下，釉色丰富多彩，有玫瑰紫、茄皮紫、海棠红、天蓝、葱翠青、米色、月白等色，尤以红、紫两色最为名贵，称为"钧红""钧紫"。钧瓷的釉面纹路也很特别，受欢迎的有蚯蚓走泥纹、蟹爪纹、羽片纹、鱼子纹、珍珠点等。

宋代钧窑玫瑰紫釉花盆/silver age提供

哥窑——陶瓷之谜

【存世年代】唐代、宋代、元代

【类别】民窑/官窑

【属性】青瓷

【窑址】不详

【特点】①胎黑釉厚，瓷器釉面布满大小、形状不规则的裂纹；
②"金丝铁线"：小开片的纹理线呈金黄色，大开片的
纹理线呈铁黑色；③"紫口铁足"：口沿釉薄，胎色透
过薄釉呈紫色；底足不施釉，直接显胎质铁黑色

【代表作品】①哥窑青釉鱼耳炉（现藏于北京故宫博物院）②哥
窑青釉海棠式花盆（现藏于北京故宫博物院）

龙泉青瓷

龙泉青瓷产于浙江龙泉，因产地而得名，有哥窑和弟窑。哥窑和弟窑虽都生产青瓷，却各有特色。

哥窑特点：

1.胎黑釉厚，瓷器釉面布满开片。

2.以釉面开片为特色，有冰裂纹、蟹爪纹、鱼子纹、鳝血纹、百圾碎等。

宋代哥窑瓷器/silver age提供

弟窑特点：

1. 胎白厚釉，表面光洁无开片。

2. 釉层莹润，釉色以青色为主，有梅子青、粉青、月白、豆青、淡蓝、灰黄等色。

3. 器物转折处釉薄露白色胎骨，成为弟窑特征——"出筋"。

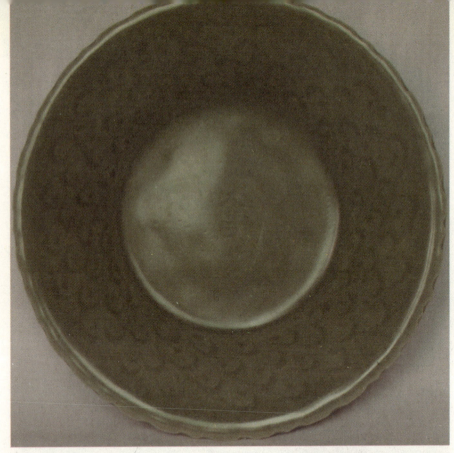

宋代弟窑青瓷/silver age提供

哥窑与弟窑的传奇身世

相传有兄弟两人各有窑口，都烧制青瓷。但哥哥的生意总是好过弟弟，于是弟弟在炉火中烧下，偷偷往哥哥的窑火中放入了草木灰，导致哥哥窑内的瓷器发生了釉裂。没想到这些表面的纹路有的似冰裂，有的似蟹爪，有的似鱼子，别有一番意趣。从此，哥哥就以釉纹为特色自成一格，这种独特的青瓷风格，被人们称为"哥窑"。而弟弟心怀羞愧，自此潜心研究制瓷技艺，致力发展了以梅子青为主的青瓷品种。

瓷都景德镇

青花瓷、玲珑瓷、粉彩瓷、颜色釉并称景德镇四大传统名瓷。

> **小链接：**
>
> 景德镇位于中国江西省东北部，曾名为新平镇、新平县和昌南镇等。自五代时期开始生产瓷器。因此地生产的青瓷、白瓷美观而品质好，宋景德年间宋真宗命此地为朝廷上供"景德年制"底款的瓷器，并让陶工在瓷器底部写上这四个字。从此以后，此地就改名为景德镇，并一直沿用到现在。据史料记载，明代郑和下西洋所带瓷器中很大一部分出自景德镇。

四大名瓷

青花瓷——瓷国明珠

青花瓷又称白底青花瓷，居景德镇四大名瓷之首，始烧成于元代。蓝色、白色对汉族人来说都算不上吉祥颜色，所以这两种颜色搭配烧成的瓷器，在中原并没有人去研究和烧造。元代统治者出身于蒙古族，蒙古族崇尚的是代表蓝天白云的蓝色和白色。应和统治者的喜好，青花瓷从元代开始兴起，技术与艺术日益精进，并沿传发展到今天。青花瓷在现代生活中仍是广受欢迎的陶瓷品种，既有

景德镇/silver age提供

日用瓷也有艺术瓷。

　　青花瓷顾名思义就是有着白色底子、蓝色图案的瓷器。明清时期因成为外销主力，又得到了进一步的发展。不仅烧造工艺精湛，装饰图案也更加丰富，出现了大量以花鸟、人物、山水、动物为题材的装饰图案，除此之外，一些传说故事和民间风俗也被画在了瓷器上，代表性的题材有："吹箫引凤""达摩面壁""秋江晚渡""枯石寒禽""荷花鹭鸶""戏婴图""捉迷藏""放风筝""斗蛐蛐"等。此外还有字画结合的福、禄、

景德镇青花瓷器/silver age提供

寿、喜等吉祥图案。

玲珑瓷——犹如嵌玻璃的瓷器

玲珑瓷是在器物胎体上通过镂雕工艺，按照预先设计的图案，雕镂出剪纸般的镂空纹样，然后施釉烧造。烧成后，经过雕镂的图案部分迎光呈半透明状。由于工艺所限，镂空部分面积不能太大，以防挂不住釉或烧造变形。这种精巧的工艺始于隋唐。当玲珑工艺与青花图案相结合后就形成了"青花玲珑瓷"，工艺与蓝花装饰相得益彰，古朴中显清新。

景德镇玲珑瓷器/silver age提供　　景德镇粉彩瓷器/silver age提供

粉彩瓷——缤纷女王

粉彩工艺始于清康熙年间，又叫软彩。先把瓷胎挂上白釉进行烧造，然后在白底上勾出图案轮廓，再堆填色料，最后再进窑炉低温烧制。粉彩属釉上彩，釉面柔和，色彩绚丽，画工多采用工笔重彩画法，工整细腻，民族特色浓郁。粉彩瓷的图案以神话故事和历史传说为主，有人物、山水、花鸟和几何图案等。

颜色釉瓷——最神秘的艺术品

景德镇创造的最著名的颜色釉为"祭红釉"，生胎上釉，以铜为着色剂，在还原焰气氛中高温烧制而成红色。因用于祭祀郊坛，被称为"祭红釉"。也有人因颜色而称之为"霁红釉"。釉色红而不艳，美丽不失沉稳，釉质匀润无裂纹，是颜色釉中的艺术珍品。

第六章 音乐

　　中国一向有"礼乐之邦"的称谓，可见音乐对于宗教、礼仪、文化等方面有着深刻的影响。据文献记载，中国音乐的起始大约可以追溯到黄帝时代。根据专家考证，中国音乐起源于7 000多年以前，是中华民族最古老的艺术之一。在几千年的发展过程中，不断与各地区、各民族的音乐相互吸收、融合，不仅使中国音乐自身发展得丰富璀璨，同时对周边地区音乐文化的发展，也产生了十分深远的影响。

《阳春白雪①》

【创作年代】春秋
【作者】相传是晋国师旷或齐国刘涓子所作
【类别】古琴曲、琵琶曲

　　《阳春白雪》是中国十大古曲之一。原本是《白雪》《阳春》两首曲子。《白雪》表现竹叶承着白雪，依风摇曳所传出的声音；《阳春》展现的是冬去春来，万物更新，大地一片生机蓬勃。乐曲清新优美，流畅和婉。

历史背景： 其曲弥高，其和弥寡

《阳春白雪》一曲在春秋战国时期本是两首曲子，即《阳春》和《白雪》。两千多年以前，楚国知名的歌舞艺人莫愁女在屈原和宋玉的帮助下，把此曲传唱开来。

"阳春白雪"不仅是曲名，还是高雅的代名词。《古文观止》中《宋玉对楚王问》一文记录了相关的故事。楚襄王问宋玉："先生是故意隐藏自己的德行么，为何从来不见民众称赞你的品德呢？"

宋玉淡淡地答道："曾经有人当众唱《下里》和《巴人》，跟着他唱的有好几千人；后来他唱《阳阿》《薤露》，跟着他唱的人倒也还有几百个；最后等他唱《阳春》《白雪》时，跟着唱的只剩几十人了。可见歌的难度越高，曲调越雅，会唱能应和的人就越少，德行也是如此。"

宋玉借用唱歌的小故事，向楚襄王强调雅与俗的巨大差距，并为自己的才德不被世人承认而辩解。最后，他的结论是：但凡世间伟大超凡者，往往特立独行，其思想和行为往往不为普通人所理解。

现在，"阳春白雪"已用作成语，指的是高深典雅的艺术，和乐曲的曲意已经没有什么关系了。

作品赏析： 聆听春天的脚步

《阳春白雪》最早是《阳春》《白雪》两首古琴曲，后被合编成为一首琵琶曲，在民间广为流传。

乐曲自开始起，就运用了"挑轮""扫轮""弹挑"等技法，使乐曲的开头显得十分明快动人，好似承着白雪的竹叶随风飒飒舞动，雪粒抖落，在初春的艳阳中飞舞。

即便是文字，经千年流传都会生异，更何况最初没有记谱，只靠听觉记忆来传承的音乐呢。《阳春白雪》经过2 000多年的流传也有不同版本。至今主要有《大阳春》和《小阳春》两个版本。当今流传最广的是《小阳春》。《小阳春》版全曲有七段，按起（《独占鳌头》）、承（《风摆荷花》《一轮明月》）、转（《玉版参禅》《铁策板声》《道院琴声》）、合（《东皋鹤鸣》）来排布结构，急缓有致，首尾呼应，结构严谨。

《阳春白雪》以其对音乐形象精练的概括，质朴而丰富的音乐语言，表现了人们积极进取、乐观向上、对大自然充满无限感情的精神气质。全曲呈现出一种明快的基调，活泼、乐观，听来使人感觉耳目一新。

知识拓展

①阳春白雪：被引申用作成语，特指高深难懂、典雅的艺术；与阳春白雪相对应的是"下里巴人"，泛指通俗易懂的文艺作品。

《高山流水》

【创作年代】春秋
【作者】传说为楚国人俞伯牙所作
【类别】古琴曲、古筝曲

《高山流水》是中国十大古曲之一，是有关俞伯牙与钟子期，以乐会友，成为知音的故事，并一直在中国民间广为流传。相传，《高山流水》一曲不仅取材于此，还是由俞伯牙所作。

历史背景：千古知音最难觅

俞伯牙是春秋时期晋国的上大夫，同时也十分精通音律，尤其擅长演奏古琴。相传，他的琴声非常美妙，连马儿也会停下吃草而倾听。

有一次，伯牙奉命出使楚国，因遇大风，只好在汉阳江口停留。他久久矗立在船头，享受着清风明月，衣袂拂动的感觉。此情此景，不禁有了抚琴抒怀的雅兴，于是走进船舱操起琴来。正弹到酣畅之时，忽然听闻岸边有人拍手称赞。他闻声走出船舱，却看到个樵夫。伯牙本以为一个樵夫不会鉴赏音乐，于是提出了许多关于器乐的专业问题。没想到，樵夫一一对答如流，如数家珍。但伯牙还是怀疑，于是拨动琴弦，弹奏一曲，想考考樵夫。

伯牙弹起赞美高山的曲调，樵夫说道："真好，雄伟而庄重，好像高耸入云的泰山一样！这是仁者浑厚大气的胸怀。"当伯牙弹奏表现奔腾澎湃的流水时，樵夫又说："妙不可言，我好像看到流水的流畅灵动，波澜起伏，这是智者机敏活跃的特点。"

听了这些话，伯牙兴奋不已，激动地说："知音！你真是我的知音！"这个樵夫名叫钟子期。两人相见恨晚，引为知音。

分别时，伯牙和钟子期约定，明年此时还在这里相会。到了第二年，伯牙如约赴会，等了很久，还不见钟子期，后来才知道钟子期已于几个月前病逝了。伯牙悲痛万分，他来到钟子期的墓前，割断了琴弦，双手举起古琴，将它用力摔碎。

从此，伯牙再也不弹琴了，因为他知道在这个世界上再也找不到像钟子期那样的知音了。

后来，人们就用"高山流水"比喻知己或知音，也比喻乐曲高妙。

作品赏析：高山巍巍，流水潺潺

《高山流水》在民间流传至今，最广泛的版本却已从古琴版变为了古筝版。虽名字相同，但风格意境已有所不同。

小链接:

1977年，美国太空探测器携带着一张能保存上亿年的镀金唱片飞向太空，唱片上录制的27首世界各地的经典乐曲，昼夜不息地响彻在宇宙之中，以此来寻人类的知音。其中就有著名古琴演奏家管平湖先生用一张宋代古琴演奏的《流水》。

《高山流水》一曲在唐代被拆分成《高山》和《流水》两首独立的乐曲。

其中《高山》描绘了高山的壮美景色。聆听此曲，听者仿佛被带进了重峦叠嶂的群山之间。只见碧色的山峦隐约起伏在朦胧的薄雾之后，拨开云雾即可见苍松翠柏。伫立在林木之间，或有花树烂漫，或见碧草连天。眼前的一切，更衬托出那高山巍峨的气势。

《流水》描绘了奔腾的江河瀑布和悠悠的清泉。江河瀑布那宏阔的气势如万马奔腾，让人听来心潮澎湃。而涓涓清泉则显得温柔和缓，让人心旷神怡。《流水》一曲在近代得到更多的发展，现在流传最广的，是由清代川派琴家张孔山加工发展的《流水》（载于《天闻阁琴谱》，1876年）。其曲调与《神奇秘谱》中的《流水》大致相同，在第六段和第八段中加入了"七十二滚拂指法"，从而使水势汹涌、奔腾澎湃的效果更加逼真。

《汉宫秋月》

【创作年代】不详
【作者】佚名
【类别】琵琶曲、古筝曲、二胡曲等

　　《汉宫秋月》是中国十大古曲之一，表达了中国古代文学中的一个传统话题——"宫女怨"，细致描绘了宫女面对秋夜明月，内心无限惆怅的情绪，流露出对爱情的强烈渴望。《汉宫秋月》以其对宫中女子细腻情感的传达而闻名遐迩。

历史背景：故国三千里，深宫二十年

　　由于年代久远，很难确定《汉宫秋月》的出处，但历史上很多人认为，此曲与《汉宫秋》有很深的关系。《汉宫秋》是元代戏剧家马致远创作的杂剧，讲的是王昭君和亲出塞的故事。

小链接：

　　宫中女性的烦恼苦闷，是中国古代文学创作的重要题材。汉乐府中有不少关于"宫女怨"的题材，如《玉阶怨》《昭君怨》《昭君悲》等，后来甚至形成了专门描述后宫的诗体，称之为宫词。在音乐创作上，也有相关的作品，如《长门怨》《汉宫秋月》等。

《昭君出塞》/silver age提供

汉初时，开国元勋多为布衣出身，而后妃、宫女也多出身微贱。在这种背景下，汉朝的宫女与嫔妃之间并不存在不可逾越的鸿沟。因此，每一位宫女都心存梦想，即有朝一日能被皇帝宠幸。然而，王昭君在宫中深居数年，却连皇帝的影子都没见过。

正因为如此，王昭君心里悲怨，与其在深宫年华老去，不如远赴异域。所以，听说了和亲的机会后，王昭君果断地毛遂自荐。然而，皇宫内的生活虽然孤寂，倒也平静，匈奴所居之地是草原大漠，未来如何，谁也不知。

昭君初嫁时，朝廷还时常派使臣前去探望，到后来连使节也逐渐稀少了。这足见皇帝已经将忠义之人忘却了，恩断义绝。昭君思念故乡，充满了哀怨与忧思。她死后葬在胡地，再没有回到自己的家乡。

作品赏析： 哀怨悲愁宫女泪

《汉宫秋月》本是琵琶曲，先后被改编成二胡曲和古筝曲。古筝曲以吟、滑、按等技巧所展现出的古风古韵见长；二胡曲则以其多变的韵律呈现出温婉哀怨的悲愁。曲中常出现一些短促的顿音，有欲说还休之意。

整曲为五声宫调式，以速度平缓、细致多变著称。乐调回旋纠葛、凄婉，余韵悠长。

乐曲开始时，音调由高到低，如同女子幽怨中一声无可奈何的长叹，使人的视野中凸显出清冷宫中，斜阳残照，长门幽影，宫女独自徘徊的情境。

紧接着便是主体旋律，整段似写心绪，一腔心绪无从述，身世凄清无人闻，对月一曲，却也无法"说尽心中无限事"。中间多顿音与休止，恰似述说间的哽咽哀叹。

短暂的休止，恰如绘画留白的精妙，能够引人深思，进而感染众人博得情感共鸣，引发对宫中女子凄凉身世的同情以及对封建强权的不满。

继而，乐曲副部展示了一种寂寥清冷的生命意境，仔细聆听，可感受到宫女在悲痛欲绝、倾尽苦衷后，面对镜中靓丽面影，一点朱唇，万缕青丝，却无人欣赏时静静的哀思和怨愤。

此后，回旋曲式的主部多次再现，副部也紧跟其后。主副部交叉辉映，如泣如诉，哀绝断肠，将曲折心绪表现得淋漓尽致。

曲末，变化后的副部主体，音调渐低，旋律更加缓慢，展现了一种夕阳西沉，宫门危耸，风平浪静，万籁俱寂的情境。最后一声低音长叹，暗寓秋月清冷、梧桐潇潇、寒星寥寥之时，宫女说也说罢，怨也怨罢，哭也哭罢，细想无能为力，便转朱阁，入深闺，继续忍受这种命运的遭遇。

《汉宫秋月》之所以能千古传唱，不绝人世，就是它引起了那些于闺中思念远游在外的游子，或驰骋边疆情郎的痴情女儿，以及流浪天涯的歌女或烟花柳巷风尘女子的共鸣。这种封建势力可幻化成各种阻挠女子追求幸福美好的残酷力量，面对这种力量，幽怨、悲愤、无可奈何等感受在此曲中得以释放是它最大的魅力。

《胡笳十八拍①》

【创作年代】东汉
【作者】相传为东汉蔡琰所作
【类别】古琴曲

　　《胡笳十八拍》是中国十大古曲之一。本曲借蔡文姬一生的悲欢离合，反映战争所带给人民的灾难，抒发离乡人对故国山河的深深眷恋之情，深刻诚挚，感人至深。

历史背景：蔡文姬归汉

　　尽管《胡笳十八拍》一曲由于史料所限无法考证其确切作者，但很多人认为是东汉时期女文人蔡文姬所作。

　　蔡文姬，名琰，东汉文学家蔡邕之女，自幼喜爱文学、书法又精于音律、天文数理，是历史上十分有名的才女。

　　不幸的是，在战乱中，蔡文姬年纪轻轻被匈奴所掳，流落塞外12年。由于历史上并未记载蔡文姬在塞外的遭遇，很多民间传闻说她嫁给了左贤王成了王妃。史上只记载她育有两子。12年的流离失所，其思乡之情不言而喻。

　　曹操一直敬仰前辈蔡邕的才学，当他当了丞相后，将蔡文姬从那茫茫草原上赎了回来。

　　虽然蔡文姬在匈奴的12年无时无刻不在思念自己的家乡，但

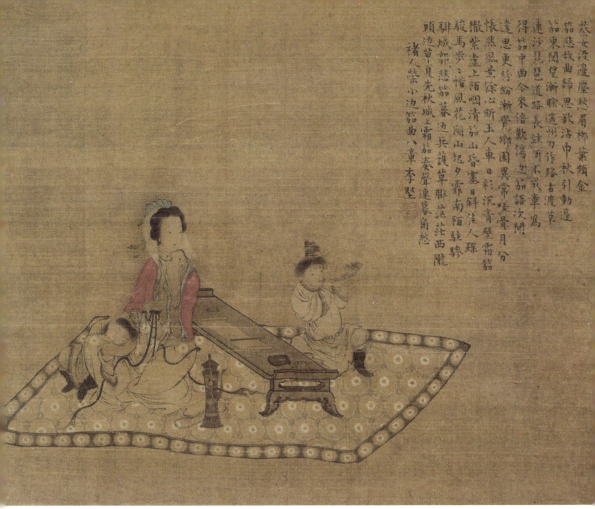

蔡文姬/silver age提供

是思及自己的那一双幼子，又不知是悲是喜。一个人一生能有几个12年，一生最好的时光都生活在这个地方，年复一年，回去了是否还会想起塞外的生活，亦不知。她在离开塞外归故乡的途中频频回眸，往昔的记忆历历在目，那些或悲或喜的记忆就化作了一曲《胡笳十八拍》。

作品赏析： 肝肠寸断的思乡情

《胡笳十八拍》采用宫、徵、羽三种调式，共18段，两大层次。前一层十拍诉说身在胡地却时刻思念故乡；后一层描绘离开胡地之时，与幼子惜别难舍的隐隐哀怨。

第一拍概述了蔡文姬悲苦的人生历程，又隐约透出对平生生不逢时的感叹，其中两个三小节的乐节是全曲的核心，本曲以此为基调衍生出其他的旋律。第一拍为之后的各段音乐奠定了发展基础，其情绪起伏明显。第二拍出现装饰性的变化音，使得其心绪表现得更为明显。直到第十拍，作品将蔡文姬离乡的悲苦情感逐渐深化，使得整段乐曲更为完整，形成第一部分。

第十一拍、第十二拍是全曲的转折，尤其是第十二拍，它是唯一的音调欢快明朗的段落，抒写民族的欢乐，归国的喜悦。音乐从高音开始，节奏较宽广，构成一个舒展的乐句，这段旋律音区较高，表现了异常激动的情绪。

第十三拍至第十七拍是乐曲的第二部分，仍以抒发悲情为主，主要表现对年幼孩子的思念。第十八拍是全曲尾声，在激情中结束全曲。

《胡笳十八拍》是在南宋灭亡之后才得到广泛流传的。据说，南宋遗民诗人汪元亮曾为身在狱中的文天祥弹奏《胡笳十八拍》，以叙国破之哀恨。这一时期，《胡笳十八拍》在南宋的旧臣遗民间很快流传开来。 根据《琴书大全》的记载，此曲引起了空前的共鸣。

胡笳/silver age提供

知识拓展

①胡笳十八拍：胡笳是流行于内蒙古、新疆阿勒泰地区，发音柔和、浑厚，音色圆润、深沉的民族吹奏乐器。"拍"在突厥语中是"段落"的意思，"十八拍"即为"十八段"。

《广陵散①》

【创作年代】东汉后期
【作者】佚名
【类别】古琴曲

　　《广陵散》是中国十大古曲之一，为一首大型古琴曲。它旋律激昂、慷慨。与其来历相关的故事有史书、民间传说两个版本。史书说聂政为报答严仲子的恩情，为其刺杀韩相侠累。民间则传说，聂政是为报杀父之仇而刺杀韩王。本曲也是中国现存古琴曲中唯一具有战斗气息的乐曲，其旋律主体激昂，具有很强的艺术感染力。

历史背景：刺客的高义

　　替父报仇版在《太平御览》中曾有所记载。聂政的父亲曾为韩王铸剑，因逾期而被韩王所杀害。聂政听闻韩王喜爱听琴，便有了扮作琴师接近韩王以达到刺杀目的的想法。他遍访名师，学得高超琴技。

　　为了通过关卡不被人认出，聂政用黑漆涂满脸颊，用石头砸掉牙齿；为了改变声音，他吞下炭火把嗓子弄哑……年深月久，聂政终于练就了一手好琴。一天，他在京城门楼下弹琴，围观的人多得堵塞了交通，连牛马都停下来静静地聆听。大家都深深地被聂政的琴声征服了。

韩王因此而得知世上有琴技如此高超之人，于是派人请聂政进宫献艺。

进宫时，聂政把匕首藏在琴腹中。当他弹的琴曲博得了韩王和群臣的赞扬时，聂政突然拔出匕首，把韩王刺死。随后，他自刎壮烈而死。

名士的绝唱

聂政所在的时代大约过了600多年，西晋出现了一位才智超绝、旷迈不群的人物，使《广陵散》成为千古绝响。这个人就是"竹林七贤"中最有影响力的名士——嵇康。

嵇康是魏晋时期杰出的思想家、诗人和音乐家。他不屑于那些传世久远、名目堂皇的教条礼法，更痛恨那些乌烟瘴气、尔虞我诈的官场仕途。嵇康那卓越的才华和逍遥的处世风格，最终为他招来了祸端。公元263年，统治者司马昭下令将嵇康处以死刑。

在刑场上，有三千太学生向朝廷请愿，请求赦免嵇康，并要拜嵇康为师，这正是向社会昭示了嵇康的学术地位和人格魅力，但当权者无情地拒绝了他们的要求。

临刑前，嵇康要求再弹奏一次《广陵散》。他要过一把琴，在高高的刑台上，面对成千上万来为他送行的人，弹奏出最后的《广陵散》。铮铮的琴声，神秘的曲调，铺天盖地，飘进了每个人的心里。弹毕，嵇康仰天长叹："吾死不足惜，惟《广陵散》绝矣！"——在生命的最后时刻，他想到的不是他那神采飞扬的生命即将终止，却是一首美妙绝伦的乐曲后继无人。

然后，嵇康从容就义，年仅三十九岁。

　　从此，嵇康这个名字便与《广陵散》永远地结合在了一起，并为后人所赞颂。

嵇康死前弹奏《广陵散》/silver age提供

作品赏析：一曲《广陵散》，从此丝弦绝

　　《广陵散》一曲统共分为45个乐段，又大概分为开指、小序、大序、正声、乱声、后序等六个部分，也是中国篇幅最长的琴曲之一。其中，前三部分开指、小序、大序，主要体现了对聂政悲剧式命运的同情；乱声、后序这两部分，则主要歌颂了聂政的壮烈和英勇。

这六个部分当中，正声作为乐曲的主体部分，着重展现了聂政感情的变化，即从憎怨到愤慨的心路历程，从而刻画出了聂政不畏强权的坚定与英勇。

大序和小序部分则显得相对从容、平和。在这两个部分中，没有描写类似格斗这样激烈的冲突，而展现的是聂政面对青山绿水，日复一日静心练琴的场景。虽然聂政心里有着莫大的仇恨和哀伤，而他却是默默地隐忍着，用琴声来平复心境，将心绪埋藏起来，为的是日后的涌动和爆发。而这也为正声和乱声的主调旋律做了铺垫。

进入正声部分后，乐曲表现出一种"怨恨、凄苍"的情绪。徐缓而沉稳的抒情具有缅怀的沉思，同时孕育着躁动和不安，预示着"暴风雨"的来临。随之乐曲进入急促的低音扑进，进而发展成咄咄逼人、惊心动魄的场景，形成全曲的高潮，即"纷披灿烂、戈矛纵横"的战斗气氛。随后，乐曲表现出"壮阔豪迈、沉郁慷慨"的气氛。

乱声和后序比较短小，体现出一种热烈激昂的感情，从而结束全曲。

知识拓展

①广陵散：广陵，扬州的古称。"散"是演奏乐曲的意思。《广陵散》望字闻意，是流行于古代广陵地区的琴曲。

《梅花三弄》

【创作年代】东晋
【作者】桓伊
【类别】笛曲、琴曲、古筝曲

　　《梅花三弄》是中国十大古曲之一。古代文人墨客几乎都喜欢以花草自喻，《梅花三弄》则是通过借物咏怀的方式，借白梅"凌寒独自开"，"无意苦争春，一任群芳妒。零落成泥碾作尘，唯有香如故"的品性来赞颂高尚之人的情操。

历史背景：桓伊横笛作三弄

　　据记载，《梅花三弄》最早来自东晋时桓伊为狂士王徽之所演奏的笛曲。

　　东晋时期，武将桓伊不但战功卓越，还是一位远近闻名的音乐家，特别擅长演奏笛子。"书圣"王羲之的儿子王徽之久闻桓伊的大名，却一直没机会亲耳聆听他的笛声。

　　有一天，王徽之乘船去都城建康，半路停靠在一个码头。这时，正巧桓伊从岸上经过，船中有旅客认识桓伊，便说："这就是桓野王（桓伊，字野王）。"王徽之喜出望外，连忙派人传话给桓伊："听说您笛子吹得很好，请为我吹奏一曲吧。"

　　虽然桓伊当时已是一位文武双全的大名人，但他平时为人谦和，也久闻王徽之的大名，便欣然下车，坐在胡床上，拿出心爱的

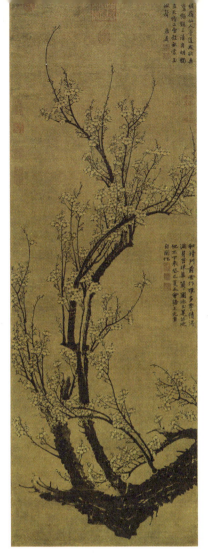

王冕《南枝早春图》/silver age提供

笛子，吹了一曲。清新优美的笛声飘荡在静静的水面上，倾吐着桓伊的心声，王徽之沉浸在笛声中，心领神会。

演奏完毕，桓伊登上马车继续赶路，王徽之仍坐在船上，两人虽未说一句话，却似乎像促膝长谈了一次。他们旷达不拘礼节、磊落不着行迹的品格，由此事可见一斑。后来，人们将青溪桥右边的萧家渡改名为"邀笛步"，辟为古迹，以示纪念。

后人演绎说当时桓伊为王徽之演奏的就是《梅花三弄》。

作品赏析：梅花香自苦寒来

小链接：

从古至今，中国人对"梅花"有着特殊的尊敬和喜爱，它已成为中国人某种人格的化身。因此，梅花成为古今艺术创作的重要题材。人们寄情于梅花，以诗、画、乐来表现梅花洁白、芬芳、耐寒的特点以及傲霜高洁、情趣高雅等具有高尚人格美的品质。

人们常将这种对梅花的喜爱，表达于诗、画、乐之中，其凌寒开放的特性和傲洁令人赞佩。梅同兰、竹、菊一起成为中国古典艺术中不可缺少的"四君子"素材。

《梅花三弄》（又称《梅花引》《梅花曲》《玉妃引》）后被改编为古琴曲，其琴谱最早见于《神奇秘谱》，在1820年的《琴谱谐声》中，这首曲子又被改编为琴箫合曲。

为什么叫作《梅花三弄》呢？其中有两个原因——

1. 乐曲借梅花来歌颂品节高尚之人。梅花本就高洁，不与百花开于春，独自迎寒绽于雪，充满中国古人对独特品格的赞颂和向往。

2. 在琴曲中，全曲泛音①主调先后出现三次，故称"三弄"。这里的"弄"具有现代音乐术语中"变奏"的含义，"三弄"就是三个"变奏"的意思。这种反复的处理，旨在喻梅花在寒风中次第绽放的英姿、不羁不屈的个性和蓬勃向上的气概。

《梅花三弄》整首乐曲由两部分构成，包括10个段落及尾声。前六段与后四段为不同的两大部分。前六段作为一个整体采用循环体结构，曲调总体显得清新可人却又不失梅花高洁的气情。

而第二部分则与第一部分有鲜明的对比。从旋律上来讲，呈现出一种跌宕起伏的急促。而节拍上的不稳定则将梅花在寒风中的傲骨展现得淋漓尽致。

两个部分一静一动、一柔一刚，刚柔并济，形成了鲜明的对比，仿佛为我们展现了梅花千姿百态的优美形象。

知识拓展

①泛音：在古琴音乐中，音色大体分为三类，分别为散音、泛音和按音。散音指的是左手不按弦，只以右手弹得的空弦音，它有如大地般空阔、坚实，音色深沉、浑厚；泛音指的是右手弹奏的同时，左手轻巧触弦所得之音，它犹如天空般高远、空灵，音色轻盈、飘逸；按音指的是左手的各种按滑技巧，技巧丰富，犹如人的腔调，如泣如诉，细腻感人。

《平沙落雁》

【创作年代】明代
【作者】相传为朱权所作
【类别】古琴曲、琴箫合奏

《平沙落雁》是中国十大古曲之一，也是传谱最多的琴曲之一。基于对秋景的描绘，抒发高远的志向，又感慨世事险恶，难见雁性的平和。曲音以静见动，曲韵悠远绵长，优美平和之至。

历史背景：逸士胸怀鸿鹄之志

《平沙落雁》是首古琴名曲，虽流传甚广，却并没有什么脍炙人口的典故。关于这首琴曲的作者虽说法不一，但大抵写的都是这衡阳秋雁归的景致。

小链接:

古琴是中国最古老的弹拨乐器之一，距今已有3 000多年历史，被列为"琴棋书画"四艺之首，是古代文人的必修之器。

古琴的演奏技巧有50多种，每种技法大多用左手按弦，右手拨弦。古琴音色相近于古筝而又不同于古筝，既能模仿出优美、淡雅、空灵的山谷回声，又能表现奔腾的流水声，受到历代文人的喜爱。

历史上流传最多的说法是，明代的朱权和《平沙落雁》关系最为紧密。朱权是朱元璋的第十七个儿子，被封为宁王。他的哥哥燕王朱棣在发动著名的"靖难之役"时，曾要求朱权出兵相助，并许诺日后与他分天下而治。然而，当朱棣最终继位为明成祖时，却废弃前言，还夺取了朱权的兵权，把他赶了出去，封了个有名无实的诸侯王。

虽然心里郁闷，朱权却也看透了权力尘网，决心明哲保身，便隐居在山林里，自求清静与韬晦，毕生寄情于戏曲、茶道、著述，编撰古琴曲谱、琴论专著、杂剧等。

在朱权主持编印的古琴曲集——《神奇秘谱》的最后，收录了据说是他本人所作的《秋鸿》，表达了自己高蹈出世的志向。后世有一种观点认为，《平沙落雁》便是根据《秋鸿》的曲意而创作的。

作品赏析：自然的妙趣，逸士的雅兴

《平沙落雁》是近300年来流传最广的古琴名曲，琴谱最早见于《古琴正宗》（1634年），现存的古琴谱就达50余种。在乐曲的意境上，各派琴谱都不一样。

小链接：逸士、琴派

逸士即隐士，指隐居山林的读书人。中国历代的文人墨客，大都受隐逸文化的影响。中国自古以来就有"大隐隐于朝，中隐隐于市，小隐隐于野"的说法。最早的隐士可追溯到上古时代，商朝的伊尹曾隐于市肆，周朝的姜尚曾隐于山野。汉代以后，隐士的身份已经有了明确的定义，一般指那些不与朝廷合作，而又具有一定文化影响力的人。三国魏晋时代是隐逸最盛行的时代，诸葛亮、陆机、王猛、谢安等历史名臣，都曾有过隐逸的经历。

琴派，是指由拥有共同艺术风格和艺术见解的琴人所形成的流派。同一地区的琴人经常彼此交流，相互学习，同时又吸收当地民间音乐的元素，从而形成相近的演奏风格，使琴曲具有特殊的地方色彩。

古琴的琴派多以地区划分和命名，著名的琴派有虞山派（以江苏常熟为中心）和广陵派（以江苏扬州为中心）等，而每个琴派的演奏风格也是各有千秋。例如这首古曲，广陵派注重表现曲景的悠远绵长；浙派则突出节奏变化和强弱起伏，以展现雁动之趣；梅庵派则发扬门派特色，使情景与曲意交融相生，更为真切。

其中，比较有代表性的是取其秋高气爽，风静沙平，重点表现云程万里，天际飞鸣的景象。看似描景，实则抒发了逸士的鸿鹄之心胸和远志。其曲调流畅动听，表现手法新颖独特，因此流传甚广。

乐曲以舒缓的节奏和清丽的泛音开始，描绘了秋江上宁静而苍茫的黄昏暮色——烟波浩渺的洞庭湖边，岸边一带白沙，安详恬静，蒙蒙如霜。

《平沙落雁》的意境/silver age提供

　　然后，旋律转为活泼灵动，点缀以雁群鸣叫的音型，犹如一群大雁从天际飞来，在空中盘旋鸣叫。几只降落在沙地上的大雁，仰首与空中的同伴相互交流着，眼前的世界充满了生机和欢跃。

　　最后，大雁们一一敛翅飞落。远远望去，雁群、沙岸、水波都在愈来愈浓的暮色中渐渐睡去。此时，乐曲又复归于和谐恬静的旋律中。意境苍茫恬淡而又生趣盎然。《平沙落雁》中描述的情境大抵与柳永《雨霖铃》一词中"暮霭沉沉楚天阔"一景十分贴合。都是登临高处，一俯一仰之间见天高云远、水长悠悠，使心境开阔高远，只是一个是曲一个是词。

> **小链接：**
>
> 　　大雁，在中国传统文化中，经过长期发展演化，代表了一种特殊的意象。除了有喻思乡、离愁的意象之外，还有对人生境遇的感慨等情绪。
>
> 　　早在先秦时期，文学作品中就已有大雁形象的出现。魏晋之后，隐逸文化和贬官、流官制度不断出现，文人逐渐把大雁的穿越、迁徙当作自我精神的象征，自我社会身份的比拟，开始有着强烈的精神指向。如杜甫、杜牧、钱起等人咏归雁的诗句，都有着远谪他乡所产生的迷茫和哀怨。

《十面埋伏》

【创作年代】明代
【作者】佚名
【类别】琵琶曲

　　《十面埋伏》作为中国十大古曲之一，以中国著名历史典故"楚汉相争"中刘邦、项羽在垓下的决战为背景，用一首琵琶曲，刻画出一段尘封的金戈铁马的岁月。

历史背景：霸王垓下悲歌

　　秦朝末年，刘邦的汉军和项羽的楚军展开了逐鹿中原、雄霸天下的斗争。公元前202年，西楚霸王项羽与汉王刘邦在垓下（今安徽省灵璧县东南），展开了最后的大决战。刘邦起用韩信为大将，以30万汉军的绝对优势，把10万楚军紧紧包围在垓下楚营内。

　　夜间，刘邦的谋士张良命令会楚地方言的汉兵用箫吹楚地曲、唱楚地歌，以此动摇楚军军心。楚军听到熟悉的乡音，思念父母、妻儿之情油然而生，又见内无粮草，外无救兵，于是斗志瓦解，纷纷逃散。

　　此时，自知败局已定的项羽与虞姬诀别，仓皇突围。刘邦命令数千铁骑穷追不舍，最后在乌江边展开了生死决斗。项羽终因寡不敌众，拔剑自刎。

　　琵琶曲《十面埋伏》就是以写实的手法，用激荡的音乐语言和

琵琶/silver age提供

丰富的演奏技巧，再现了这一古代战役的全过程，是一幅绘声绘色的古战场音画。

作品赏析： 十面埋伏荡山河

《十面埋伏》全曲多达13个章节，顺序分别为：列营、吹打、点将、排阵、走队、埋伏、鸡鸣山小战、九里山大战、项王败阵、乌江自刎、众军奏凯、诸将争功和得胜回营，涵盖了战前准备、战役状况和战后结果三大部分。

> **小链接：**
>
> 琵琶曲以展现的情景差别分为文曲和武曲两大类。武曲技法特点以"扫拂"和"绞弦"为主，其中以《十面埋伏》为代表。文曲委婉多变、细腻，多用"揉弦"和"拉弦"技法，其中以《塞上曲》为代表。

纵观这13个章节，其中展现两军激战场面的所占篇幅最重，其音乐格调之高昂展现出当时酣战淋漓的厮杀场景。

其中《九里山大战》堪称其中之最。该段着重描绘两军交战的场景，以"划、排、弹、排"弹法交替，后用拼双弦、推拉等技法展现汉军攻势迅猛，将整段乐曲推向高潮。这期间的过程主要分为以下三个层次：

快速夹扫——展现30万兵卒纵横而来，极尽场面宏阔，刀剑相击相碰的激烈。明明只是琵琶一乐之声，却恍如多乐相交相叠，变化丰富。接着是悠悠楚歌，以代楚军将士所听所感，稍纵即逝的不止是那楚歌声声，还有士卒心中被唤起的思乡之情与军旅生活的艰辛。

"呐喊"——以"并双弦"及"推拉"技法着重表现其浩浩然之军风，雄阔之势，使听者恍若身临其境。

　　"信号收兵"——以力度的强弱起伏来展现刘邦歼灭楚军后收兵的情形。

　　明末清初，《四照堂集》的《汤琵琶传》中，曾记载了琵琶演奏家汤应曾演奏《楚汉》一曲时的情景："当其两军决战时，声动天地，屋瓦若飞坠。徐而察之，有金鼓声、箭弩声、人马声……使闻者始而奋，继而恐，涕泣无从也。其感人如此。"

　　《十面埋伏》以单个乐器的独奏形式，表现了波澜壮阔的史诗场面（而现代，这往往需要大乐队式的交响曲体裁方能得以完成），将琵琶表演艺术发挥到极致。直到今天，《十面埋伏》依然是琵琶演奏艺术领域最具代表性的传统名作。

《夕阳箫鼓》

【创作年代】明代
【作者】佚名
【类别】琵琶曲

　　《夕阳箫鼓》是中国十大古曲之一，是一首著名的琵琶传统大套文曲，意境深远。1925年，此曲被改编为丝竹合奏曲《春江花月夜》后广为流传。《夕阳箫鼓》通过婉转的旋律，多变的节奏，淋漓尽致地把江南水乡中的月色流转，波光缓动的动人风韵描绘了出来。

历史背景：春江花月夜

　　历史上很多人认为，《夕阳箫鼓》的音乐内容和展示的意境，基本来自初唐诗人张若虚的《春江花月夜》一诗。

　　作者张若虚抓住江苏扬州南郊曲江或更南端的扬子江一带，月下夜景中最动人的五种事物：春、江、花、月、夜，将它们以美好的文字表达出来。整首诗由景、情、理依次展开，第一部分表现春江的美景；第二部分表现面对江月而产生的感慨；第三部分表现人间游子的离愁别绪。

　　《春江花月夜》共36句，每4句一换韵，意境空明，缠绵悱恻，词清语丽，韵调优美，脍炙人口，乃千古绝唱，素有"孤篇盖全唐"之誉，被闻一多称为"诗中的诗，顶峰上的顶峰"。

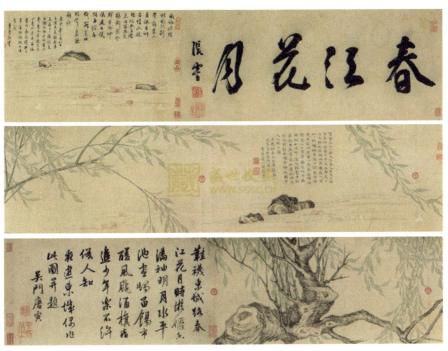

《**春江花月**》/silver age提供

作品赏析：走进江南暮色

《春江花月夜》大抵分为10部分，其旋律大多清雅、流畅，恍若光影交叠之间起起伏伏的水波粼动。

全曲所涉及乐器种类繁多，有琵琶、二胡、古筝、洞箫乃至钟鼓。

1.《江楼钟鼓》

乐曲以琵琶模拟钟鼓声开场，表现了江南暮色的柔和之美。随后是箫、古筝和笙的奏鸣，描绘出一幅平静、优美的夕阳江景。

2.《月上东山》

上升的旋律描绘了夕阳西下，一轮明月从东山升起的情景，让人仿佛有在江上泛舟，晚风拂面的感觉。好一幅江南暮色，明月东升的景色。

3.《风回曲水》

乐曲的旋律又渐渐下旋，而后又逐渐上升，表现了风的轻柔和水的婉转意境。

4.《花影层叠》

这时，出现了四个快疾繁节的旋律，与前面的恬静对比，显示出了花影重叠的繁华之美。

5.《水云深际》

乐曲用琵琶、二胡和中胡在低音区齐奏，醇厚深沉，再以不同的演奏技法表现出了水和云的和谐美景，水流动、云悠闲，意境空灵。

6.《渔舟唱晚》

箫和琵琶的旋律描绘出渔翁摇船归家，悠然自得地唱着渔歌，体现了温馨的江南生活韵味。

7.《洄澜拍岸》

这时，乐曲进入了全曲的高潮。用琵琶的"扫轮"技法奏出强烈的乐声，描绘了群舟竞归、浪花飞溅的情景，仿佛浪拍江岸的声音响彻耳畔，展现了一种质朴的喜悦之情。

8.《桡鸣远濑》

乐曲旋律呈反复式递升，古筝的声音如江水的流动，又如归舟的船桨划动水的声音。古筝的声音由慢而快，表现了波浪层涌和橹声由远渐近的意境。

9.《欸乃归舟》

全曲再一次达到高潮。在古筝和琵琶的衬托下，乐曲旋律由慢渐快，由弱渐强，表现归舟破水，浪花飞溅，橹声阵阵，由远而近的意境。

10.《尾声》

表演者用箫吹奏着优美抒情的旋律，速度渐慢，表现出夜阑人静，余音袅袅的情景。这时，画面又由近而远，由局部而全景，情绪慢慢平静下来。零星的筝音勾画了江水卷起的余波漩洑，舟远人声稀，似乎万物归于月夜下的平静。

永恒和谐之处是此曲的独到境地。一轮江月，一川江水又待何年何月何日再相见？自古古曲皆有其古韵浅长，难全的就是永恒二字。曾有人说："谁能肯定今天升起的太阳和昨天落下去的是同一个？"这轮月，只留下"江月年年望相似"的感叹，谁又能知几何？

《渔樵问答》

【创作年代】明代
【作者】佚名
【类别】古琴曲

《渔樵问答》是中国十大古曲之一。与《平沙落雁》相似，意在展现对隐逸生活的向往，只不过一个是对天地明月自然的向往，本曲却是尽力展现青山绿水间渔樵闲趣及对追名逐利者的鄙弃。

历史背景： 古今多少事，都付笑谈中

在中国古代文化中，渔夫是"圣者"与"道"的化身，懂得天地万物、阴阳化育和生命的奥妙与哲理。

历史上"渔夫"的代表是严子陵，他早年是汉光武帝刘秀的同窗，刘秀很赏识他。刘秀当了皇帝后多次请他做官，严子陵都拒绝了。他隐居在浙江桐庐，垂钓终老。

与"渔人"相对的"樵夫"是汉武帝时期的一位大臣朱买臣，他出身贫寒，曾靠打柴卖薪度日，后来，妻子因忍受不了贫困而离开了他。

《渔樵问答》一曲中以樵夫问、渔夫答的形式将天地之间人际万事叙述出来，曲意沉和，同时附有歌词。

屏风上的"渔樵耕读"/silver age提供

作品赏析： 青山依旧在，几度夕阳红

　　《渔樵问答》采用渔夫和樵夫对话的方式，题材集中精练，以上升的曲调表示问句，以下降的曲调表示答句，曲调飘逸潇洒，描绘出渔夫和樵夫在青山绿水间悠然自得的神态。乐曲中时而出现伐木或摇橹的声响，使人形象地联想起他们生活的情景。

　　乐曲先用两个音调平稳、节奏舒缓的乐句营造出一片自然宁静、悠远朦胧的湖光山色，并带出闲适恬淡的渔夫和樵夫。接着，乐曲利用对称性的乐句，通过音调的上升（问）和下降（答）表现渔夫和樵夫之间的问答，将听众带入充满现场感的对话场景。问话尾处带些弦音余韵，极富画面感，恍若在山野间的木屋中，听二人谈笑风生。

　　第五段，以一段清越的泛音描画了渔夫、樵夫二人徜徉、沉醉在青山绿水间，并以此结束乐曲的第一部分。

从第六段开始，第二部分继续表现渔樵问答的内容，不同的是其间加入了一种不成双的沉重音调，彷佛对世人的执迷不悟深表叹息，并在问答过渡到高音区后转向表现划船的情景。接下来，琴曲在高音区以一清脆的掐撮声结束第二部分，显示渔樵将泛舟江湖、划迹幽岩。

第八段开始进入第三部分，主要表现水上泛舟之乐，重峦叠嶂的青山、微波荡漾的绿水、随波轻摇的扁舟、相忘江湖的渔樵毕现于指下，令人流连忘返。最后，清越的泛音再次出现，一方面与前面相应和以结束全曲，另一方面将琴曲的意境加以总结和升华，从而为渔樵的隐逸生活平添了几分迷蒙、空灵之气。

全曲音调平稳，节奏舒缓，旋律悠扬，宛如两个智通天人、目空今古的老人闲话家常，悠然自得。让听者仿佛可见"采菊东篱下，悠然见南山"的风光，这种超然心境便是此曲的精髓。